子どもを キレさせない
おとなが 逆ギレしない
対処法

A. フォーペル
E. ヘリック　著
P. シャープ

戸田有一 日本版訳

「キレ」の予防と
危機介入の実践ガイド

北大路書房

ANGER MANAGEMENT
A Practical Guide
by
Adrian Faupel
Elizabeth Herrick
and Peter Sharp

Copyright © 1998 by David Fulton Publishers Ltd.
Japanese translation Published by arrangement
with David Fulton Publishers Ltd.
through The English Agency (Japan) Ltd.

本書を読む上で留意いただきたいこと

訳者の序文にかえて

　本書には，自分の怒りを抑えきれない子どもたちに対して，おとなが向かい合う際のヒントが，たくさんつまっています。ただし，もともとは英国の実情に合わせて書かれた本ですので，日本での状況にそのままあてはまるとはいえません。なるべく日本の状況に沿うような翻訳を心がけましたが，そもそも，子どもたちはすべて一人ひとり異なるわけですから，実際に本書を利用する際には，読者のみなさんの工夫や知恵が必要になってくると思います。

　そこで，本書を読む上で留意いただきたいこと，訳者が考えていることについて，4つのことを記しておきたいと思います。

① 「キレる」と「怒る」

　英語版では，「怒り」(anger)を，「効果のある怒り」(effective anger)と「問題のある怒り」(problem anger)に分けています。また，その怒りの程度についても，何段階かの表現をしています。この 'anger' という語を直訳するならば，「怒り」「憤怒」「激怒」などがあたると考えられますが，日本版（本書）では，「ムカつく」「キレる」という訳も適宜使用することにしました。近年，自制心を失った怒りや，予測のつかない怒りの爆発が，日本では「キレる」などと表現されていることが多いからです。

　この「キレる」という表現については，子どもたちの行動の問題への対処が仕事に含まれる人たち（教師など教育関係者）が使う場合，新聞などで使われる場合，子どもたち自身が使う場合などで，微妙にニュアンスが異なっています。せまい意味では，「ふつうの子」が突然に今までの行動から信じられないようなものすごい暴力をふるった場合などを指すでしょう。しかし，広い意味では，抑制のきかない怒りの状態を「キレる」と表現するようです。本書では，かなり広い意味で「キレる」という言葉を用いています。

② 「誰の責任か」を問うことよりも「キーパーソンになろうとする」こと

　訳者は,「教育問題の大半は,子どもによかれと思ってのおとなの行動や発言が裏目に出て,それがもつれてこじれた結果である」と思っています。つまり,「一度子どもを非行に走らせてみよう」などと考えて子育てをする保護者もいないし,「自分のクラスを荒れさせてみよう」と考える先生もいない,ということです。先々よかれと思って叱ったりすることが裏目に出ることが積み重なり,子どもたちの「キレる」状態や非行につながっていることが多いのではないでしょうか。

　本書に書かれている対処法のなかに非叱責法というアプローチがあります。子どもを責めるのではなく,自分を責めるのでもなく,他の誰かを責めるのでもなく,「一緒に変わっていこう」とする私たちおとなの態度が何よりも必要なのだと思います。そこでは「一番悪い人」を決めることが目的とはなりません。最初に変わろうとする人が,変化を起こすキーパーソンなのではないでしょうか。

③　おとな自身が「逆ギレ」しない

　本書では,子どもが「キレて」しまう際に,周囲のおとながその怒りを抑えるどころか「逆ギレ」してしまい,よけいに事態をややこしくしてしまうことがないよう,どうすればよいのかが論じてあります。

　初めは冷静に対処していても,聞き分けのない子どもや,いつまでも怒っている子どもに,おとなのほうがむしろ感情を爆発させてしまうことがないとはいえません。本書が必要なのは,まずは,おとなのほうなのかもしれません。

④　**多元的なアプローチ**

　本書では,さまざまな流派の心理学的立場からの方法論を援用し,全体として多元的なアプローチをとって怒りの問題を考えていきます。それによって,本書に示されている対応法が,さらに拡張されていく可能性を示してもいますが,説明が不十分になってしまっている部分もあると思います。実は,その説明不足の部分は,英国でのいじめ対策や仲間関係づくりの実践とかかわっていることでもあるので,そのことを私たちも知ることは,より詳しい理解を得ることにつながると思います。そのために,英国や米国での実践について日本語で紹介してある,いくつかの本を,[訳者コメント BOX] や巻末の読書案内で

紹介しておきました。

　本書は，理論的には厳密さを欠く部分があるかもしれません。それは，原著そのものが，理論的な立場をきっちりと定めるというよりも，さまざまな理論からの技法を組み合わせて用いていることと，訳者も，そのスタンスに共鳴して翻訳を行なったからです。もしも見逃しがたい誤りがありましたら，ご批正をいただきたく存じます。

　さまざまな理論からの技法を用いる立場に共感するからといって，訳者は，理論家やある理論に基づく実践者がするどい議論をかわすことを否定しているわけではありません。多様な理論的立場からの相互批判があってこそ，それを実践の場で用いる際の留意点や問題点を，あらかじめ，ある程度わかっておくことができるからです。また，さまざまな技法を適当に組み合わせて用いればよいともけっして思っていません。多様な技法を組み合わせて実践を展開している方は，多様な技法をアレンジする際に，実践の場のニーズを把握し，それぞれの技法の特質をおさえ，望ましい効果や望ましくない影響の可能性を考え，実施に伴う労力や周囲の協力の程度を勘案しているのではないでしょうか。そして，あるプログラムを実施しつつ効果を評価し，技法の組み替えなどの調整を行なっているのではないでしょうか。そこに，実践者の「かんどころ」があると思います。

　本書を翻訳していて，ところどころに見つけて共感しつつ，「もっと書いてほしかった」と思ったのは，その「かんどころ」です。「臨機応変」と言って終わらせずに，その「かんどころ」を共有していくための努力を，今後重ねていきたいと思っています。

　本書を実際に子どもたちのために活用いただく際の前提条件を，次のページにまとめましたので，そちらもお読みいただけますと幸いです。

訳者　戸田　有一

本書利用に際し

　本書の内容を，実際に子どもたちに対応するのに使用したり，子どもたちに巻末の付録のワークシートを記入してもらったりする場合に，おさえておいていただきたい前提や準備についての主な点をまとめてみました。

① 子どもと目的を共有していること

　本書を利用する前提として，まず，「キレる」ことをなんとかしたいと，キレてしまう子どもも，周囲のおとなも願っていることが必要です。キレてしまったことを，冷静なときには後悔しているような子どもにとっては，最も効果的でしょう。ときどきキレて乱暴な行為をすることを「カッコイイこと」と思ってしまっているような場合には，まずは，その信念を変えていくような働きかけが必要でしょう。

　変わっていくことをおとなと子どもの共通の願いとするためには，冷静なときに，なるべく対等な関係で話し合うことが大切でしょう。本書の目的は，お互いの心の中にある「怒り」という感情の危険性を「管理」することなのです。けっして，子どものすべてを「管理」することではありません。

② 即効性を求めないこと

　人間関係や教育の問題への対応法に，即効性や万能性を求めることはあまりよくありません。本書の使用にあたっても，少しであってもよい方向に変化することを，目指し，認め，喜ぶことが重要です。

　子どもたちに，小さな変化を起こさせることでも，たいへんにむずかしいことです。でも，その小さな変化にこそ大きな意味があるのです。

③ 「個人を適応させる」だけの立場では限界があること

　自分や他人を傷つけるような怒りを爆発させる子どもに焦点を当てることは重要です。しかし，むしろ世の中全体に「キレる」子が増えてきたように思えるのはなぜなのかを考える視点を明確にすることが重要でしょう。学校や社会全体を変える取り組みも必要なのです。

　また，怒りだけではなく「落ちこみ」も，私たちが対処していかなくてはならない重要な問題です。怒りへの対処はその1つの段階であり，怒りと落

最低限の前提

ちこみ両者に対処し得る「ストレス・マネジメント」をすすめる必要があるでしょう。

④ 個性的なアレンジを目指すこと

　本書の訳は，たんなる日本語版なのではなく，訳者（巻末の「訳者紹介」欄参照）の経験や研究を背景に，日本の実情に合わせた日本版に近いものを目指しました。しかし，音楽の演奏にたとえるならば，英国の楽団用の楽譜を日本の楽団用に少しアレンジしただけのものであり，実際には個々の楽団の編成に合わせたアレンジが望まれます。各楽団（読者のみなさんと子どもたちのこと）の名アレンジ，名演奏を交流することで，本書の真価が発揮されていくことを期待しています。

⑤ まずは，おとなが試用すること

　巻末の付録をおとなが自ら実施してみることで，実践への知見と洞察が得られると思われます。ひとりのおとなが本書の方法を実施する立場，もうひとりのおとなが実施される子どもの立場になって，子どもの立場を想像しながら体験してみてもよいでしょう。実施が簡単に思えることについても，実は細かい配慮が必要なことがわかるかもしれません。怒りの抑制の問題が，子どもだけの問題ではなく，おとなの問題であることもよくわかることでしょう。怒りの抑制を，強制される感じではなく，共同作業として展開するための前提は何なのかについて，まず，おとなどうしがよく話し合う必要性を感じていただけることでしょう。

　「子どもを変える」前に，「自分が変わる」必要性を感じられる場合もあるでしょう。それは恥ずかしいことでも，なんでもありません。「感情」とうややこしいものに向かい合っていくためには，私たちは，まずおとなどうしで，さらに子どもたちと共に力を合わせていかなくてはならないのです。

●付録・ワークシートの活用法

　具体的な活用法については，本書112ページに詳述しています。

『子どもをキレさせない おとなが逆ギレしない 対処法』
もくじ

第Ⅰ部 「怒り」とは何か？ ………………………………………………… 1

第1章 はじめに——怒りの定義とダイナマイトの喩え，大荒れの天気の喩え … 2
1. 怒りとは何でしょうか？ …………………………………………… 3
2. ダイナマイトの喩え ………………………………………………… 5
3. 大荒れの天気の喩え ………………………………………………… 6

第2章 怒りを見る視点——さまざまな心理学理論からの応用 …………… 9
1. 行動主義からの見方 ………………………………………………… 10
    1-1 「ABCモデル」による見方
    1-2 学校全体での対応指針
2. 精神力動的な見方 …………………………………………………… 12
    2-1 フロイトの考え方
    2-2 愛着理論の考え方
3. 認知主義からの見方 ………………………………………………… 15
    3-1 ある解釈が怒りをもたらす（認知行動主義の見方）
    3-2 特定の考え方が怒りをもたらす（情報処理モデルの見方）

第3章 怒りは何をもたらすのか？——小さな利益の大きなコスト ……… 21
1. 怒りの3つの機能 …………………………………………………… 22
2. 「効果のある怒り」と「問題のある怒り」 …………………………… 23
3. 怒りの長期的な影響 ………………………………………………… 23
    身体的な健康への影響／精神的な健康への影響／家族生活への影響／友だち関係への影響／学校生活への影響／怒りの結果と法律／ふだんの生活への影響／怒りによる経済的損失

第4章 さまざまな怒りの表現と対処——中途半端な対応の問題点 ……… 31
1. 人が怒ってする行動に影響する要因 ……………………………… 31
2. 人は自分自身の怒りにどう対処しているのか …………………… 34
    置き換えられた怒り／抑圧された怒り／表現されなかった怒り

第Ⅱ部　「荒れ」という状況への対処　………………………………39

第5章　「荒れ」を避けるために——学校全体での対応と学級での対応　……40
1. 学校全体の水準　……………………………………………43
   学校全体の環境／報酬と罰のしくみ／新しい行動を教えること／危機への対応
2. 学級やグループの水準　………………………………………46

第6章　「荒れ」を切り抜ける——早期の気づきと多様な対応方策　…………48
1. 介入の効果的なタイミングを知る　…………………………48
2. 初期の兆候を見抜くために　…………………………………51
3. いくつかの沈静方策を知る　…………………………………53
   1 気をまぎらわすもの　54
   2 居場所を変えること　54
   3 違うことをすること　54
   4 身体的な接近　55
   5 ユーモアを使うこと　55
   6 傾聴　55
   7 リラクセーション　55

第7章　「荒れ」の後で……——逆ギレしないで次に活かす　…………………58
1. 荒れのすぐ後に　………………………………………………58
2. 子どもの気持ちへの対応と行動の修正　……………………61

第Ⅲ部　子ども・学校・保護者が変わってゆくために………………………65

第8章　「キレる」子どもとの共同——怒りに対応する16の技法　…………66
   8 積極的な無視　70
   9 つぶやき法と自己沈静法　71
   10 行動変容（自己表現的しつけや自己表現的な親業を含む）　72
   11 対立の解決　74
   12 よい行動を教える　75
   13 仲間による仲裁　76
   14 治療的な喩え（いやしのお話）　78
   15 社会的スキル・トレーニング　79
   16 怒りの解消法　80

第9章　学校での危機管理——適切な対応のための指針の共有　……………83
1. 危機の場での対応　……………………………………………84
2. 学校がもつべき指針　…………………………………………85
3. 身体を使っての介入　…………………………………………86
4. 報告し合うこと　………………………………………………88

第10章　保護者の方へ──子どもの発達に即した対応のために …………90
　　1．「キレる」子どもを理解して対応する　……………………90
　　2．子どもの成長による怒りの違い………………………92
　　3．乳幼児の保護者のためのヒント ……………………93
　　4．小学生の保護者のためのヒント………………………96
　　5．10代の子どもの保護者のためのヒント ……………………99
　　6．怒りについて、子どもたちや先生の声を聞く ……………102
　　　　①子どもたちはなんと言っているでしょうか　　102
　　　　②先生たちはなんと言っているでしょうか　　104

訳者による読書案内　　108
原著の注　　109
引用文献　　110

付　録　「怒り」に対処するためのワークシート……………………111
　　1．自分を知り、子どもの状況をよく認識するために ……………112
　　2．状況への介入のために ……………………………………120
　　3．よりよい行動をうながし、子どもの環境を整備するために……132

索引　　136
翻訳者あとがき　　138

▶訳者コメント◀
学校全体での対応指針　……………………12
防衛機制 ……………………………………14
不公平に黙っていない子どもたち ………17
「逆ギレ」……………………………………27
英国の「放校」と日本の「出席停止措置」……29
自責の傾向性 ………………………………37
協同による規律 ……………………………44
「荒れ」たクラスへの対応 …………………47
怒って泣きやまない幼児 …………………51
学級の刑法？ ………………………………73
仲間による仲裁 ……………………………77
社会的スキル ………………………………80
キレる子との共同の構築のために ………82

第 I 部
「怒り」とは何か？

第1章
はじめに

怒りの定義とダイナマイトの喩え，大荒れの天気の喩え

章のポイント
* 本書での"「怒り」のとらえ方"について説明します。
* 本書では，怒りが爆発するプロセスの理解のため，"ダイナマイトの喩え"で説明します。
* 本書では，「キレた」子どものいる状況の理解のため，"大荒れの天気の喩え"で説明します。

怒りたいとき，私は怒る
怒りたくないときも，怒っちゃう
怒ろうとすれば，怒れるかな
怒ろうとしなくても，怒ることがある

おどされたときに，私は怒る
悲しいときに，私は怒る
けれど，幸せなときにも私は怒る
だから，わけわかんない！

怒るべきときもあるけれど
でもやっぱり，キレるのはよくないこと
だから，どうやったらキレないか一緒に学んで
今はとってもいい感じ

怒りは，こじれた感情を引き起こします。怒ると，たいてい，気持ちがめちゃくちゃになったり，罪悪感をもったりします。「気持ちが細やかな人はあらゆる感情を表現する」といった見方もあるでしょう。けれども，怒りは，私たちにとっていちばん危険な感情でもあるのです。

1．怒りとは何でしょうか？

では，怒りとは何でしょうか。

怒りを「極端な不快」[※1]と定義したのでは，怒っている人，その怒りを向けられる人たち，その場面を見ただけの人への，怒りのもつ影響の全体を伝えることができません。さらにややこしいことに，「怒りは感情である」とされ，そのために，「道理と対極の本能的感情」[※2]と定義されています。そのうえ，怒りは否定的な感情であると一般には見られています。そのため，おとなは子どもの怒りを抑えようとします。そのようなおとなの対応を見た子どもたちは，「怒ってはいけないと，おとなが怒っている」と，戸惑ってしまうこともあるようです。

では，怒りをどのようにとらえるのか。本書での3つの見方を示します。

① 怒りという感情を，「一次的な情緒から生じる二次的な情緒」と見る立場をとります。怒っているときの私たちは，往々にして，その感情（怒り：二次的な情緒）が，一次的な情緒（怖れなど）から生じていることを意識できていません。しかし，怒りという感情はすべて，なんらかの脅威を背景にもっているものなのです。ですから子どもの生活の中で，怒りがあまりにもひどくなると，感情の抑えがきかなくなってしまいます。なんらかの支援がその子になされ，それがその子に受け入れられなければ，このような状況は，おとなになっても続いてしまうことでしょう。このような感情のトラブルによって，おとなになっても，他者とよい関係を形成したり維持したり，といったことができなかったりするのです。ひどい場合には，自分や他者を傷つけて泥沼にはまる，暴力の悪循環につながるかもしれません。

② 怒りを「情緒の問題の原因あるいは結果である，情緒的困難さの反映」としてとらえます。子どもの立場からいえば，このような問題のもともとの原因

について教師や保護者などはよくわかっているはずなのに，ちゃんと見通しをもって上手に対応してもらえることがめったにないといえるでしょう。たとえば，学習困難については，それを見出し，評定し，対応するしくみがだんだん整えられつつありますが，情緒や行動の困難さに対しては，まったく対応されていないのです。

③　怒りを，道具的行動とみなします。ここでいう"道具的"とは，'特定の結果を達成する手段として'という意味です。たとえば，注目してほしいための行動は道具的行動といえるでしょう。怒りも同様のものと考えられます。なぜなら，怒りは通常子どもの生育歴において，おとなからのあたたかいかかわりが欠けているときに生じやすいからです。

いま述べた本書での3つの見方からしても，怒りは，人としての不可欠な部分であると考えられます。進化論的に見ても，あるいは適応的な観点からも，重要な意味があるといえるでしょう。また，怒りは，有益・肯定的なものにも有害・否定的なものにもなり得ます。ゴールマンの『EQ——こころの知能指数』[*3]に述べられているように，アリストテレスの挑戦は，まさにこの込み入った根本的な二分法を記述しているといえます。

> 誰でも怒ることはある。怒るのは容易なことだ。しかし，適切な相手に，適度に，適切な時に，適切な目的をもって，適切なやり方で怒ること——それは簡単ではない。
>
> 　　　　　　　　　（アリストテレス『ニコマコス倫理学』より，ゴールマンの引用部分）

アリストテレスが挑戦したのは，私たち人間のともすれば情に流される生活を知性で制御することでした。ゴールマンは「われわれは，IQで測るような純粋な理性が，人生において価値があり重要だと強調し過ぎた。感情が揺れ続けていたら，知性は無に帰してしまう」と力説しています。怒っている子どもの生理的反応が，他の子と同じくらいのレベルであったとしても，「キレた」ときに自分を抑えられるかどうかは，生育歴や個人的特性によって大きく異なります。今のところ，保護者がどうやったら子どもたちに効果的に対応できるのかを示した研究はありません。そして教師についてはなおのこと，そのような研究はないようなのです。

本書は，教師，保護者，そして子どもの気持ちをくみ取れる聡明な読者に，「いかにして怒り（自分の怒りや他のおとなや子どもの怒り）に対処するのか」について，具体的なヒントを提供しようとするものです。

2．ダイナマイトの喩え

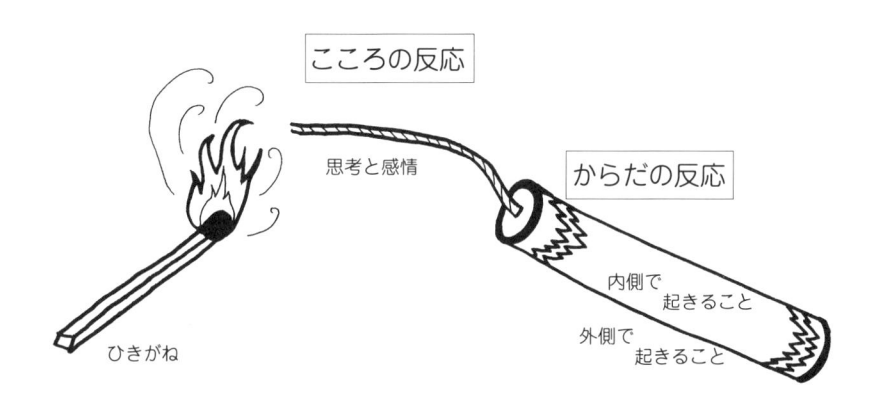

（図中ラベル）
- こころの反応
- 思考と感情
- からだの反応
- 内側で起きること
- 外側で起きること
- ひきがね

ひきがねはマッチで，人の導火線に火をつけます。
導火線はこころの反応で，思考や感情のことです。
ダイナマイトはからだの反応で，それによって怒りが表現されます。

図1-1　ダイナマイトの喩え

上の図は，怒りがどのように生じるのかを理解するために役立つモデルです。これは，怒りの生起に関するナヴァコ（Navaco）のモデル[★1]を改変したものです。この"ダイナマイトの喩え"は，特に年少の子どもたちや青年にとって，さらに，私たちと一緒に「怒りに対処する」訓練を行なってきたおとなたちにとっても，理解しやすく覚えやすいものでした（☞子どもたちや若者の「怒りに対処する」訓練を支援するために，このモデルがどのように用いられているのかについては，第8章で示します）。

この"ダイナマイトの喩え"で説明した場合には，幼児であっても，モデルが示している考えを理解しやすいようです。それは，この喩えが，次の3つの方法で怒りに対処できることをわかりやすく示しているからだと思われます。

① ひきがね（人，状況，時間，ことば，など）を遠ざけること
② 自分たちの考え方やとらえ方を変えることでひきがねの影響を少なくできること
③ 爆発してしまう前に導火線を長くしたり，導火線の火を消したりできること

3．大荒れの天気の喩え

"ダイナマイトの喩え"は，「怒ったら何が起きるのか」を示すためのモデルですが，"大荒れの天気の喩え"は，個人の反応だけではなく環境の影響も視野に入れた，怒りの「全体像」を示すものです。"大荒れの天気"（以後，「荒れ」と記述）はなかなかおさまりませんが，それを避けたり，その衝撃をなるべく小さくしたりすることはできます。さらに，「荒れ」を切り抜け，その余波に対処する方法もあるのです。

図1-2　大荒れの天気の喩え

　雲の動きや気圧の変化，風向き，太陽の陰りや急な暗雲などの，よく知られた兆候によって，「荒れ」が予知されることもあります。「キレる」事態や暴力事件についても同様です。先生のなかには，朝の最初のクラスの状態を見て，誰がキレたり「荒れ」たりするかどうか，その日がどんな日になるのかを予測できる人もいるぐらいです。

本書の構成について

　この「荒れ」(大荒れの天気) をめぐってどのように対処していくかは，**第Ⅱ部** (第5章～第7章) で見ていくことになります。

■**第5章**　「荒れ」との正面衝突を避ける，つまり，「荒れ」を切り抜けるよりも避けるための回避方略を知っていれば役に立つことでしょう。「荒れ」を避けるためには詳細な計画が必要です。

■**第6章**　「荒れ」は予告なしに現われて，おとなたちに衝撃を与えます。しかし，そこで大事なのは，その「荒れ」を切り抜けることなのです。どのように切り抜けるのかについて，よく考える必要があります。

■**第7章**　何とかして「荒れ」を避けたり切り抜けたりしようとしても，避けられない場合もあります。起こってしまった場合には「荒れ」の後片づけをしたり，その経験から学んだり，同様の「荒れ」がその後は起こらないように計画することが必要です。そのための方略の探索が必要です。

　続いて**第Ⅲ部** (第8章～第10章) で，子どもたちや学校や保護者がよりよい方向に自ら変わっていくための教育プログラム，学校全体の指針，ヒントを見ていきます。

■**第8章**　「キレる」子どもたちにどのように対応するのかという重要な問題について，さまざまな心理教育プログラムも紹介しつつ述べていきます。

■**第9章**　学校において，適切な対応のための指針を共有することで，子どもが「キレた」場合にその影響をいかに最小限に抑えるのかについて述べます。

■**第10章**　保護者向けのアドバイスを書いています。怒りについて，子どもたちや先生の生の声も収録してありますので参考にしてください。

■**巻末付録**　グループの指導や教育のために使用できる，たくさんのワークシート (WS) がありますので，自由にコピーしてお使いください。

　さて，第Ⅰ部はこのあとまだ続きます。しかし，読者の関心に応じて，先に第Ⅱ部や第Ⅲ部を読んでいただいてもいいと思います。

　第2章では，さまざまな心理学の知見を用いて，怒りへの対処のための基本的な方向性を考えます。

第3章では，問題のある怒りがもたらすさまざまな損失についてよく理解しておきたいと思います。

　第4章では，まず，怒りの表現の仕方に影響する要因について考え，怒りへの中途半端な対応法（置き換える・抑圧する・表現をひかえる）の問題点について述べます。

第2章 怒りを見る視点
さまざまな心理学理論からの応用

章のポイント
　この章では，怒りを理解するための"3つの主要な視点"からのヒントを示します。
＊行動主義からのヒント
　・「この子は，何をしたらいいのかをわかっているのだろうか」と考え，さらに「この子は，やり方をわかっているだろうか」，そして「やり方を習ってあるのだろうか」と考えます。
＊精神力動的視点からのヒント
　・怒っている理由は，本人にも説明できないことがあります。
　・子どもたちが安心感を得ていないとしたら，怒り・敵意・破壊行為が多くても，簡単には責められないことなのです。
＊認知主義的視点からのヒント
　・私たちの考えがゆがめられたり，非合理的になったりして，怒りなどの否定的な感情をもたらすことがあります。
　・うまくいかない対応法から抜け出せなかったり，別の対応法をうまくできなかったりすると，事態をこじらせます。

　なぜ怒るのかを理解し，キレないようにするのは，簡単なことではありません。なぜなら，怒りには，さまざまな思考や感情や行動が，複雑にからみ合っているからです。なんらかの行動が自分や他人を傷つけてしまうわけですが，その行動が何によって起きているのかを理解することが大切です。

　その怒りのプロセスの理解のために，第1章で説明した"ダイナマイトの喩え"はわかりやすく効果的なものです。しかし，より深く理解するためには，

現象全体をさまざまな視点から考慮しなければなりません。

　実は，心理学者のなかでも，思考・感情・行動がどのように影響し合うのかについて，見解が一致しているわけではないのです。そのため，怒らないようにするにはどうすべきなのかについても，意見が異なるのです。本書で述べる内容は，説明の必要上，かなり単純化しすぎている面もありますが，ここは，思考・感情・行動に関する心理学者の力点の置き方の違いを説明したものとしてご理解ください。それぞれの見解から，参考になる知見を得ることができるはずです。

1．行動主義からの見方

　行動主義は，"まず行動ありき"です（図2−1）。問題にするのは，いかに行動するのか，です。行動主義心理学者は，原則として，特定の行動への報酬や罰によって，次の行動が決まると考えます。たとえば，私に殴られた者が私の要求に屈して大事なものを差し出したとすると，味をしめた私が同じことをする可能性は高くなるでしょう。逆に，いやな結果をもたらした行動は，あまり繰り返されることはない，ということになります。

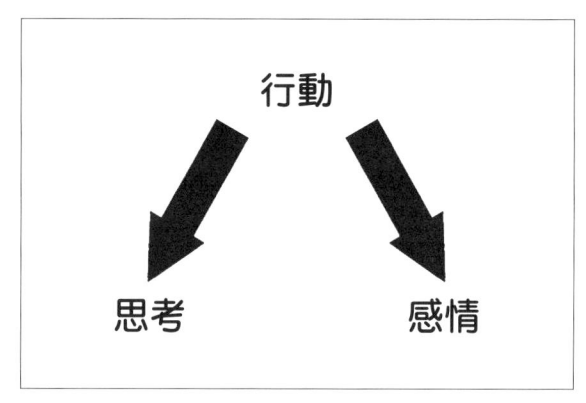

図2−1　行動主義者の見方

1-1 「ABCモデル」による見方

　人がどのような行動をするのかを考える1つの見方は、「ABCモデル」です。このモデルは、学校における行動の指導のために使われています。これは、以前の「出来事」(Antecedents)とその「結果」(Consequences)から、次の「行動」(Behaviour)が決まると見るもので、行動の機能分析として知られています。これはつまり、以前の出来事やその結果が違えば、そういう行動をするのかどうかも変わってくる、ということです。問題行動を起こさせないようにするという予防的な観点からは、前の出来事というのが特に大切です。キレる前のひきがねは、人をいらだたせるもの（騒音、人ごみ、熱さ）であることも多く、それらは変えることが可能な環境要因です。その他には、要求の仕方もひきがねになります。たとえば、先生の叱り方も、生徒をキレさせかねません。別の方法で生徒に対応すれば、生徒を追い詰めないですむのかもしれないのです。生徒にどのように対応するのかによって、生徒は異なった反応をするのです。

1-2　学校全体での対応指針

　学校全体での対応指針を決める取り組みは、生徒を追い詰めない方法の1つとなります。どこまでの行動が許されて、何が許されないのかがはっきり示されている学校では、教師の権威を振りかざすことも、生徒の暴力行為も、一貫して少ない傾向を示すようです。"アメとムチ"は、学校でも家庭でも、子どもたちをしつけるために、明らかに、広い範囲で使われています。予防的な視点からすると、学校全体での対応指針というものが設定され、子どもたちの適切で望ましい行動が、どのようなかたちで目にとまり、認められ、ほめられるのか、そして、不適切で迷惑をかける行動をいかに思いとどまらせるのかが、はっきり示されていることが望ましいといえるでしょう。英国では、学校の対応指針において、望ましくない行動の抑止よりも望ましい行動のうながしに重点を置く方向への、大きな変化が起こっています。

　行動主義の考え方から思い起こされることは、私たちの人間関係における行動も、他の行動と同じように、学習されるものであるということです。子どもたちがキレて他の子を傷つけてしまいそうなときに、"アメかムチ"しかできない先生は、このことを忘れがちです。子どもが文章をなかなか読めないでいるときに、おとなはまず、「ほめようか叱ろうか」とか考えるわけではないは

▶訳者コメント◀

学校全体での対応指針（whole school policies）

英国の学校では，いじめ対策などのために，学校全体をあげての対策が実施されてきています[*2]。その際，「対策がつくられていく過程は，最終的な対策内容やその実施にもまして重要である」とあるとおり，子ども・保護者・教師がその作成過程により積極的に参加するようにうながすための配慮もなされています。

日本においても，生徒と先生が話し合って校則を変えていく取り組みが成果をあげていることが報告されることがあります。そこにおいても，学校という共同体における一員としての生徒の主体性が尊重されていることが前提となっていると思われます。

シャープ，S. スミス，P.K. 編／奥田眞丈 監訳／フォンス・智江子 訳
／東京都新教育研究会 編集 1996年
『あなたの学校のいじめ解消にむけて』（東洋館出版社）

ずです。「この子は，何をしたらいいのかをわかっているのだろうか」と考え，さらに「この子は，やり方をわかっているだろうか」，そして「やり方を習ってあるのだろうか」と考えるのが普通でしょう。これらのことがすべて確認された後で初めて，子どもの動機づけについて考えて，誘因や罰を公正に使い，課題をやりがいのあるものとするのです。これが，人間関係のこととなると，私たちは，同じ質問を同じ順番で問うべきであることを忘れてしまい，単純にやる気の問題にしてしまって，"アメかムチ"にはしってしまうのです（☞第8章の社会的スキル・トレーニングというのは，もともと，この行動主義の考え方に基づくものです）。

2．精神力動的な見方

次の図に示した考え方は，行動主義の場合とは，思考・感情・行動の関連についての図式が異なっています。この図式の考え方では，思考や行動を左右する感情や情緒の優位さを強調します。

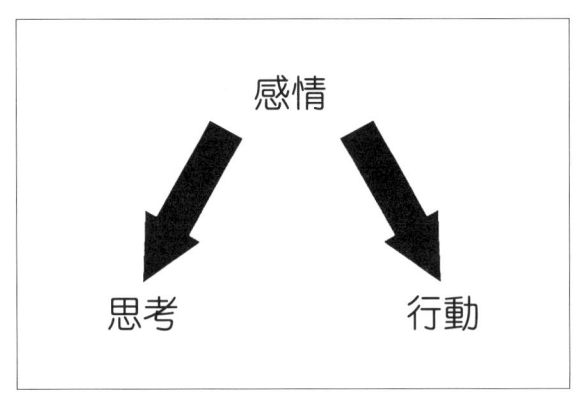

図2-2　精神力動的な見方

2-1　フロイトの考え方

　感情や情緒の優位さを強調する立場の1つが，フロイトに始まる精神力動的な考え方です。多様な行動をフロイト流に説明するときには，受けいれがたく，不安をもたらす衝動が意識にのぼってくることから私たちを守る「防衛機制」という考えがもとになります。

　無意識の衝動に脅かされて，私たちは不安を感じます。この不安から自分を守るために，私たちは1つあるいは複数の使用可能な方略あるいは「機制」を使うというのです。この不安に関して，よく知られている言葉があります。それは，私たちの基本的な要求が満たされないときに，自尊心への脅威として受けとめられる「ストレス」です。このようなストレスは，怒りなどの，とても嫌な否定的感情をもたらします。フロイトによって記された防衛機制の1つは「置き換え」で，これを怒りの問題を考えるのに用いると，容易に理解できます。反抗しない弱い友だちへのいじめにはけ口を見い出した怒りは，もともとはひどい体罰をする親に向けられるべきものだったのかもしれません。親に怒りを向けるわけにいかず，その怒りを受ける者が，いじめの被害者に置き換えられてしまうのです。

　フロイトの考えのなかには，先生にとって，自分の怒りの感情が子ども（または同僚！）に向けられそうになった事態や，子どもたちの怒りについて理解するのに役立つものがあります。「転移」と「投影」です。私たちは，本当に多くの感情の重荷や「心残り」を抱えて生きています。そこには，個々人の過

去の感情をひきずった，権威や異性に対する，さまざまな考えが横たわっています。フロイトの転移についての記述を読むと，私たちがときに，ある人や出来事に対して，うまく理由を説明できない感情を抱くことが理解できます。

▶訳者コメント◀

防衛機制

　ストレスへの防衛機制という概念は，心理学の教科書のなかではおなじみです。けれども，最近では，ストレッサーに対する個人の対処のことをコーピング（coping）と呼び，その対処の方略に関する研究が行なわれています。防衛機制に比べますと，コーピングのほうが，本人が自覚したり，周囲と共同してその方略を変容させたりすることが可能なものとして概念化されていると思われます。

　しかしながら，防衛機制について原著者が述べているように，高ぶった気持ちや混乱した気持ちについて「どうして？」と子どもにたずねた場合に，反抗しているわけではなくても，すぐにはうまく理由を説明できないこともあるということを，私たちはわかっておかなくてはいけないでしょう。曖昧な部分を留保して待つことの重要さを，原著者は言いたかったのかもしれません。

2-2　愛着理論の考え方

　ジョン・ボールビィ[*2]は，精神力動的な考えを発展させ，愛着理論を提唱し，情緒の重要性を強調しています。その理論の中心は，子どもたちが自分の周囲の人との世界を探索していく出発点として必要な，安全な基地という考えです。この幼児期からの安心感と絆は，子ども時代から青年期・成人期に至る，成熟した相互依存を育むために欠かせないものです。この安心感が脅かされたときには，不安でいやな感情を経験し，情緒的な安心感を再び得ようとして，捨て鉢な行動をとることもあります。怒りは，安全を脅かされたと感じたときの反応の1つです。家に帰ったときに，留守をしていた子に飛びつかれるのではなく，意図的な冷たい態度で報復されたことがある親も少なくないでしょう。愛着理論は，所属の感覚の大切さも思い出させてくれます。私たちは価値のある愛すべき存在であり，ゆえに自尊心をもてるという気持ちにつながるのです。学校がうまくいっているかどうかは，学校が共同の場であって，一人ひとりの生徒がそこに属して尊重されていると本当に感じられるかどうかにかかってい

るでしょう。もしも，子どもたちがこの安心感を得ていないとしたら，怒り・敵意・破壊行為が多いのも，もっともなことなのです。

3．認知主義からの見方

　心理学者の3つめの立場は，思考あるいは認知的次元を相対的に強調するものです（図2-3）。認知心理学者は，私たちの考え方の傾向が感じ方に大きく影響し，その感情が行動を左右すると考えています。思考の過程がそのような影響をもたらすのには，2つの道すじがあります。

図2-3　認知主義者の見方

3-1　ある解釈が怒りをもたらす（認知行動主義の見方）

　1つめは，私たちの考えがゆがめられたり，非合理的になったりして，怒りなどの否定的な感情をもたらすという道すじです。この立場をとる心理学者は，通常，認知行動主義の心理学者といえます。私たちに起こった出来事そのものではなく，私たちの信念が，怒らせたり，悲しませたり，落ちこませたりすると考えます。同じように悲惨な出来事に見舞われても，その出来事への反応は人によってまったく異なります。この違いは，出来事そのものの違いではなく，その出来事をどのようにとらえるのかによるのです。

ダグラス・ベイダーは，飛行に生涯をささげ，両脚を失いました。彼は，このことを，人生の挑戦課題とみなしました。他の人であれば，人生はこんなにむごいものなのかと苦渋に身をよじり，悲しみに沈んで希望を失っていたかもしれません。

　認知行動主義者は，どんな出来事も直接に人を怒らせるものではないと主張します。実際は，ある出来事を，自分への攻撃とか，不正義とか，不公平とかと解釈する私たち自身こそが，私たちを怒らせているのです。背景に敵意があると解釈するからこそ，私たちは心理的な反応を起こすのです。この反応には，攻撃的に応戦するという強い情緒的衝動も伴っており，それが怒りなのです。このような過程について，身近な例で見てみましょう。

　筆者が，真新しい革靴をはいて，バス停で待っていたときのことです。前にいた人が，うしろによろめいてきて，足を踏まれました。痛かったのはもちろんですが，革靴にざっくりと傷がついてしまったのです。前の人がわざと足を踏んだと思ったら，間違いなく，激しく怒っていたことでしょう。また，そのときにその怒りをどのように表現したのかは，相手が筋骨隆々のでかいやつかどうかにかかっていたでしょう。あるいは，その人が不注意でやってしまったと解釈したならば，怒るというよりも，イラついたでしょう。そのイライラした気持ちをどのように表現したか，あるいは抑えたかは，どのような家庭で育ってどのような道徳的素地を培ったかによるでしょう。実際のところは，足を踏んだのは2人の子どもを連れた若い母親で，そのうちの1人のよちよち歩きの子を支えようとして，他人の足を踏んでしまったのでした。ですから，怒るのではなく後悔しました。なぜなら，その人が足を踏んだのは，わざとでもなく，不注意からでもなかったのですから。

　キレないようにするための1つの方法は，ひきがねについての解釈の仕方を変えることで，怒りの気持ちを予防することなのです。"ダイナマイトの喩え"では，怒らせるような出来事は「マッチ」ですが，その出来事を私たちがどのように解釈するのかは，「導火線」に相当します。出来事を攻撃と受けとめれば，導火線に火がつきます。反対に，その出来事を不幸な事故と考えれば（そして，事故はけっして自分には起きてはならないなどという非合理的なことを考えないならば），導火線の火は消えて，爆発は回避できるのです。

その際に重要なのは，私たちの考えや信念の質です。否定的な感情をもつ人々には，特定の考え方をする傾向があるようです。アーロン・ベック*³によれば，そのような考え方は，ゆがんでおり，硬直しており，すべてか無か，白か黒かの「二分法的思考」です。キレやすい人が怒りを抑えられるようにするには，心の中でどんなことをつぶやいているのかを知る必要があります。なんらかの出来事に直面したときに，その心の中の対話が，彼らをキレさせているのです。その際の思考が，前述したような，硬くて偏ったものなのです。

　アルバート・エリス*⁴は，独特な見方をしています。人々のもつ信念に焦点を当て，キレやすい人は「非合理的な信念」をもっているという知見を示しました。ひきがねが怒りを引き起こすのは，「私たち自身の価値は，他人が私たちのことをどのように考えて，私たちに対してどのような言動をするのかで決まる」などと，根拠なく信じているからだというのです。たとえば，悪口やあざけりなどは，私たちの本当の大切さや価値とは，何の関係もないことのはずです。そしてそのことを本当によくわかっていれば，誰に何を言われようとも，どうということはないはずです。キレる子によく見られる非合理的信念は，「そんなのずるい！」という発言に現われます。この世の中は，かつて，公平であったためしはないし，これからも必ずそうなるとも見込めません。もしも，世の中が公平であるべきと子どもが信じ，おとながそのような考え方を過度にたきつけたら，誰かに不公平に扱われたと思うたびに，「きっちりかたをつけてやろうじゃないか」と，子どもたちはキレてしまうでしょう。

▶訳者コメント◀

不公平に黙っていない子どもたち

　原著において，世の中が公平であるべきと子どもが信じ，おとながそのような考え方を過度にたきつけたらよくないという趣旨の記述がされています。確かに，自分のうっ積した感情のはけ口としてどこかにクレームをつけるだけの行為を，子どもたちにさせるのはよくないでしょう。ただし，世の中の不公平を少しでもなくしていくための行動を自分たちもできるという自尊心を，幼少期から育むことが大事なことと思われます。そのための周到な準備と配慮については，次の本に示されています。
　ペロ，A．デイビドソン，F．著　玉置哲淳・戸田有一・橋本祐子　編訳『人権プロジェクト支援ガイド』(解放出版社)

認知行動主義の心理学者は，このように，ゆがんだ考え方や，非合理的な信念に焦点を当てます。なみはずれて攻撃的な少年たちは，実際には中立的な行為にも，敵対的な意図があると思いこんでしまうようです。彼らは，批判に対して過剰に敏感で，すぐにカッとなって，抑えがきかなくなります。「眼（ガン）をつけられた」との理由で殺人を犯し，終身刑に服している人たちもいるのです。

3-2 特定の考え方が怒りをもたらす（情報処理モデルの見方）

私たちの考え方は，それとは違うもう1つのかたちでも，私たちの行動に影響を与えます。攻撃的な行動について研究しているケネス・ドッジ*は，私たちの考えている内容ではなく，その過程，つまり，どのように考えているのかが問題なのだと見ています。他の人とかかわる場面であれば，それがどのようなものであってもすぐに，私たちは，何かの課題につきあたります。

たとえば，それは，傷つくようなことを自分に言った人や，自分が言ってしまった相手と出会うことであったりします。あるいは，パーティーでいずれかの会話の輪に入ることであったり，からかわれてもうまくかわすことであったりします。

私たちが最初にしなくてはならないのは，そこで何が起こっているのかを"読みとる"ことです。詳しく言うならば，他の人たちとかかわる際にはいつでも，きわめて短い時間で，ものすごくたくさんの情報を，相手の表情や声の調子，からだの姿勢から察知しないといけないのです。もちろん，その状況についての無数の細かい情報も集め，自分自身の感じ方についても気をつけないといけないのです。そのような無数の情報をまとめあげると，自分が何をしなくてはいけないのか，解決すべき「課題」がはっきりするのです。

ケネス・ドッジの見方では，私たちは，コンピュータのようにすばやく大量の情報を処理して，何がしたいのか，どのようにしたいのかをはじき出さなくてはならない存在です。通常は，私たちはこのようなことを，無自覚のうちに行なっているといえます。私たちは，瞬時にいくつもの対応の道すじを描き出し，すばやくその1つひとつの得失を計算し，最後には，よい結果を導くと思われる一連の行為を選び取るのです。

この過程の中で，2つの種類の問題が生じえます。1つめは，いくつも選択肢があるはずなのに，いつものやり方を選んでしまうという問題です。いつも

のやり方がまず浮かんで，その他の対応法は，まったく考慮もされないということになってしまうのです。キレやすい人はたいてい衝動的なのですが，そのような情緒的な問題のある子は，他の対応法をとるということができないということが，さまざまな形で実証されています。彼らは1つのやり方にとらわれているのですが，そのやり方が，必ずしもいい結果に結びつくものではないのです。

　たとえ，いつもとは違う方法を選べたとしても，そこでさらに問題が生じます。2つめは，その違う方法をうまく実施することができないという問題です。実例をあげてみましょう。

　　筆者らが非行少年たちとかかわっていたときのことですが，彼らをたしなめる立場となることが多い教師や警察官に対して，彼らがうまく対応する新たな方法を教えようとしたことがあります。それまでの彼らは，1つの選択肢しかもっていなかったようでした。それは，権威のある存在に向かってののしることで，もちろん，状況をさらにこじれさせるだけでした。筆者らは，他の対応法の得失を彼らに考えさせたのですが，その対応法のなかには，"友好的な笑顔で応じる"という選択肢もあったのです。ところが，それが悲惨な結果を招いたのです。彼らがやっているつもりのことと，彼らが実際にやっていることが，まったく異なっていたのです。彼らが笑顔で対応する練習をしているようすをビデオ録画して見てみると，彼らの笑顔がひきつって"あざ笑い"のようになっていることがわかりました。それで，ののしるよりもさらに，おとなを「挑発」することになってしまったようなのです。

このようにして，情報処理モデルに基づく説明（認知主義だけではなく，行動主義の影響も受けているようです）は，キレてしまう個々人について，どこで問題解決がうまくいかなくなってしまうのかを明らかにしようとしています。状況を"読みとる"ことができていないのか，今までとは違う対応法をとることができないのか，あるいは，新たな対応法を実行するための社会的なスキルがないのか，どこで問題が起きているのか，と考えるのです。問題解決のスキルや社会的スキルは，子どもたちに直接教えることができるもので，キレないための訓練の重要な部分でもあります。

＊　　＊　　＊

さて，この章で述べてきたアプローチのそれぞれに，有用な点があることは明らかです。読者のみなさんにとっては，これら3つ（行動主義・精神力動的・認知主義）のうちどの考え方がなじめそうでしたか。しかし，思考と感情と行動のいずれか1つのみに焦点を当てるだけでは，子どもたちがキレないように教えていくために効果的であるとはいえないでしょう。キレてしまう子どもに対して，今までどのような状況で，どのようなかたちでその子がキレたのかを総合的に把握することが，最も適切な援助法を選び取っていくために必要なことでしょう。

第3章
怒りは何をもたらすのか？
小さな利益の大きなコスト

章のポイント
* 怒りは，脅威があると思われたときの「闘争」反応の一部分です。
* 怒りには主に3つの機能（はたらき）があります。
  ・欲求不満への反応
  ・ほしいものを手に入れる方法
  ・うっ積した気持ちのはけ口
* 「問題になる怒り」は，主に次のことについて長期的な影響を与えてしまいます。
  ・身体的および精神的健康
  ・家庭生活や友情
  ・学校でうまくいくかどうか
  ・法律をやぶってしまうかどうか
  ・個人あるいは社会の経済的コスト

　怒りは，何かに対する反応といえます。しかし，怒りの原因となる何かが実際に存在しているとは限りません。怒りっぽい人は，ごくわずかな損害であっても「傷つけられた！」とか「ひどく侮辱された！」と感じて怒るものです。怒りが常に何かに対する反応であったとしても，その何かは自分の考えであったり，受けとめ方であったりするわけです。

　怒りは，要求が満たされていないと思われた際の感情的反応です。そして，その反応には肯定的な側面もあります。私たちは，要求が満たされていないと感じるからこそ，その事態を何とかしようとするのですから。怒ることによっ

て，私たちは，誰かに要求を満たすよう求めたり，「要求を満たしてくれなかった」と責めたりするのです。責めることで，要求が満たされないことが何度も起きないように願うのです。

1．怒りの3つの機能

怒りには，次のような3つの機能（はたらき）があります。

① **欲求不満への反応**　私たちの要求が満たされないときの，欲求不満の反応です。ほしい食べ物とか，楽しみとかが得られない場合です。買物の支払いのとき，レジ横のお菓子を取るのをダメと言われた幼児や，親に「門限までに絶対に帰って来なさい！」と言われた子どもたちの反応を考えてみてください。「妨害」というのは怒りの「理由」を主張するのにつごうのいい言葉です。する権利があると思っていることを禁止されたときと同様，誰かに何かをされたことによっても，怒りの気持ちが生じます。

② **ほしいものを手に入れる方法**　怒りは，ほしいものを手に入れるために，計算づくの方法として使われることがあります。このように，何かを達成するための道具あるいは手段として用いられる場合には，手段的怒り（道具的行動：本書4ページ参照）と呼べるでしょう。おとなの怒り始めるようすを見ると，子どもたちは言うことをきくようになりますが，それを子どもが用いて逆効果になる場合もあります。たとえば，子どもがかんしゃくを起こしそうになったとたんに，親が譲歩して衝突を避けようとするような場合がそれです。「かんしゃくを起こすぞ！」という脅しが，誰かを屈服させ，したいことをするのにとても効果的であると，子どもたちはたちまち学習します。悲しいことに，それはいじめっ子の常套手段で，怒りのパワーという脅しでまわりの子どもたちを服従させるのです。また，上司の怒りも部下を働かせる動機づけになります。しかしそれらの行動は，実際には人間のやる気をのちのちにそいでしまうことを知るべきでしょう。

③ **うっ積した気持ちのはけ口**　これはあまり説明の必要がないでしょう。うっ積した気持ちを解放するために怒りが生じる場合があります。力不足で状況

を変えられないと感じるときや，望みをもてそうもないと思うときはなおさらです。気持ちが限界に達したときに，怒りとして表出してしまうことで解放感を覚えるのです。

2．「効果のある怒り」と「問題のある怒り」

このように怒りは，欲望を達成したり，うっ積した欲求不満を解放したりする機能を果たします。しかしながら，「効果のある怒り」とは異なる「問題のある怒り」があります。誰でもときには，何かに対して怒ることがあります。「効果のある怒り」と「問題のある怒り」の本質的な違いは，「効果のある怒り」は建設的であるということです。「効果のある怒り」は，そこに問題があることを教えてくれます。その怒りによって，現状とあるべき状態のギャップを埋めるために何かをしないといけないということをわからせてくれます。また，ギャップを埋めるためにしなくてはならないことを，真剣にすばやく考えさせてくれます。もしも，その行動がうまくいけば，怒りは消え去ります。うまくいかなければ，考え直さないといけません。「効果のある怒り」は問題を解決し，「問題のある怒り」は，さらに問題をややこしくします（本書冒頭のiページ「効果のある怒り」「問題のある怒り」参照）。

3．怒りの長期的な影響

「問題になる怒り」は，一時的には大きな効果をあげるのですが，長期的には大きな不利や損失をもたらします。その否定的な結果はすべて，後になって現われます。肯定的な結果は短期的なもので，たいてい単なる幻想です。

ポッター－エフロン[*6]は「個人の怒りのパイ」という表現をします。このパイは8つの断片になっていて，そのそれぞれが「あなたの怒りによってダメージを受けた，あなたの人生の主要な部分」を表わしています。

では，それら8つの影響について，つまり「怒りが何をもたらすのか」について見ていきましょう

図3-1　怒りのパイ

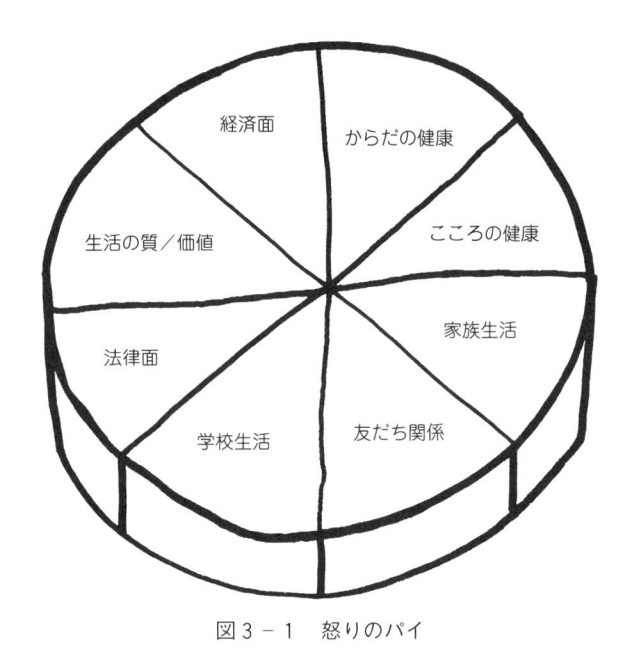

1 身体的な健康への影響

怒りは，何ものかに脅かされたと感じたことへの肯定的な反応になり得ます。その怒りによって「闘う」準備ができるのです。怒る気持ちは，生物学的には闘いや攻撃性と関連しています。それはちょうど，不安が，脅威へのもう1つの生物学的な反応である逃走に対応しているようなものです。明らかな生理学的変化が起きている間，私たちのからだは，エネルギーの急激な消費に備える必要があります。怒りが高ぶっているときに，私たち誰もが経験することは，次のようなことです。

- 心拍が速くなる
- 筋肉の緊張（特に，脚や腕の筋肉の緊張）
- 胃部の違和感
- しばしば瞳孔の拡大
- 玉のような汗

・緊張しこわばった表情（怒り始めは赤い顔になるのですが，本当に怒ったときにはしばしば顔色が青くなります）
・荒い息づかい
・落ち着きのない小さく早い動き

　闘いに向けてのからだの準備は，血流中にアドレナリンを放出するように，脳が副腎にメッセージを発信することで始動します。これによって，筋肉が動くのに必要なグルコースが放出されます。そして，そのグルコースを燃焼させてエネルギーを生むために酸素が必要になります。それで，呼吸がより速くなり，からだに空気を取り入れやすいように鼻孔が拡がるのです。その酸素は血流によって筋肉まで迅速に運ばれるので，心臓は速く動き，血圧があがります。筋肉に酸素を集中させたいので，血は必要のないところから筋肉に振り向けられます。消化器官から血がひくので胃のあたりが変な感じになったり，ときには口が乾いたように感じたりします。顔から血の気がひいて，顔色が青白くなります。過激な運動のためには，グルコースが燃焼してたくさんの熱が出るので，熱くなるからだを冷やそうと汗が出ます。そして最後に，私たちの敵対者の小さな急な動きをより鮮明・正確に見抜けるよう，瞳孔が拡大します。

　このような過程は，スポーツやレジャーの激しい動きに備えるためであれば問題はありません。それは健康的です。しかし，頻繁に長く続く怒りは，健康によくありません。過度の怒りは，死さえもたらします。ポッター－エフロンによれば「怒りっぽいほど，若死にしやすい。赤い顔，固く握った拳。あなたは爆発寸前の圧力鍋のようです。長く続く怒りは，寿命を短くするのです」。彼がさらに言うには，別の意味でも，怒りは健康を危険にさらします。私たちは，怒ると暴力的でコントロールのきかないことをして，その過程でしばしば自らをも傷つけてしまうのです。窓を割って拳や手首を切ってしまったりするのです。運転中の憤怒は，しばしば重傷あるいはそれ以上の結末をもたらします。いつもの配慮と自制がどこかへとんでいってしまうからです。人々は，怒りから本当にケンカを始めたりしますし，自分自身に腹が立ってしようがないときなどは，「見えない」かたちで怒って，自分自身を台なしにしたりします。「見えない怒り」という言い方は，自分自身による深刻な身体的被害に私たちが気づいていないことを，適切に表現しています。

2 精神的な健康への影響

いつもは陽気で友好的な人も，怒ると別人のようになったりします。怒る回数が多くなり，長さが増すほど，怒りのほうが「通常の」反応として，より容易になるようです。つかの間の「心地よい」感覚と，そこにのちのちの悲惨な結末が潜むという点で，怒りは麻薬に似ていなくもありません。麻薬と同様，使うほどに耐性レベルが変化します。

怒れば怒るほど，私たちは怒りっぽくなり，よりちっぽけな侮辱や不満で，以前と同じかそれ以上の怒りを引き起こすのです。それが高じて，世の中すべてが敵対的に見えてイライラし，怒っていることが習慣になり，「行動障害」のレベルの非合理的な反社会的行動につながるのです。

キレたあとには，情緒的な不快感が残ります。キレる際に脳から出るアドレナリンやノルアドレナリンなどのせいで，虚脱感におそわれます。落ちこんだり，罪悪感にさいなまれたりもします。このような状態になると，不当な扱いや傷つきに対して，さらに容易にイラついたり過敏になったりして，怒りの過程がすぐにまた始まってしまうのです。

3 家族生活への影響

怒る親のもとには，怒る子どもたちがいます。そして，怒る子どもたちは，親を怒らせます。親が子どもに言うことをきかせるために怒りを爆発させることが，子どもたちの反社会的な行動や非行と密接な関係をもつ，ということを示す証拠はいくらでもあります。怒りを用いて他者に影響を及ぼそうとするやり方のモデルとなるような親たちは，その行為を子どもたちに模倣され，家族のなかのやりとりが威圧的なかたちになると，ゲリー・パターソン*は確信をもって示しています。そのような家族は，緊張，口論，そしてケンカが絶えず，いじめたり，いじめられたりしています。長く続く怒りは，家族の生活から，愛情や心づかいなどを奪い，ケンカやつあたりを蔓延させます。

では，怒る子どもたちは家族の生活にどのような影響を与えるでしょう？おおかたは，その子どもの怒りに保護者がどのように対処するのかによります。怒りの感情がじゃまをされるとどうなるのかを，私たちは見てきました。自覚の有無にかかわらず，現実に，親たちは子どもの要求すべてを満たすなどということはしません。ある心理学者によれば，子どもは，どうしても，親に対して愛情と憎しみの両方の感情をもちます。これらの感情の表現を親がどのよう

に扱うのかが，その後の適応や精神面の健康の決め手になるのです。子どもたちは，自分の「統制のきかない憤怒」が実際に落ち着くということを感じる必要があります。親たちに絶対にしてほしくないことは，屈服して，子どもが怒るのを放っておくようになることなのです。避けなくてはならない2つの極端があります。1つは，キレた子に対して，自分もキレて応じることです。もう1つは，「怒ることや怒るぞと脅すことで何でも思うままになる」と，子どもたちに思わせてしまうことです。

▶訳者コメント◀

「逆ギレ」

　「キレた人に対して，冷静な対応をしきれないで，キレてしまって応じること」を，「逆ギレ」と子どもたちが言うことがあります。
　「キレる」という言葉に，攻撃性の向けられる方向性があることが前提になっていて，もともとの方向とは逆の方向に攻撃性が向けられるために「逆」という言葉がなじむようなのです。

　怒りが家族のなかの日常的な感情になってしまうと，家族が大切にしているすべてをめちゃくちゃにしてしまいます。悲しいことに，怒りに満ちた家族では，さまざまなかたちの児童虐待が深刻であるということが，よくあります。

4 友だち関係への影響

　子どもが友だちや先生などとどのような関係をもつのかによって，学校や職場でうまくやれるかどうかも，心身の健康の質についても異なってくることが，ますます着目されています。幼児期に情緒のコントロールができずに仲間に攻撃的であった子は，小学校や中学校で幅広い仲間関係をもてないかもしれず，非行をしたり学業成績が低かったりする可能性も高いようです。明らかに，キレてしまうために，友情の持続がむずかしくなっているのです。友情とは信頼・共有・配慮にかかわるものであり，キレやすい子どもはその信頼・共有・配慮を培えないのです。友情は満たされたと思える人生に必要なものですが，キレる子どもはその友情を台なしにします。

5 学校生活への影響

　学校での子どもたちは，権威と仲間関係の問題を同時に抱えます。教室は子どもたちが共に学ぶ場所でなくてはなりません。そして，家族のあいだよりも「公平さ」ということが優先されなければなりません。キレる子どもは，見かけの不公平さにとても過敏になっています。そして，彼らにしてみれば手に入れる権利があると思えるものを手に入れられないようにするのが「権威」なのです。キレやすい子は，教室運営に大きな問題を持ちこみます。なぜなら，キレることで歯止めがきかなくなるからです。それこそ，教師にとっての悪夢です。

　キレる子が学校でうまくやっていけなくなる理由の1つは，学ぶ者が授業に集中もせず，協力もしないようでは，教える関係性が成り立たないからです。ここで，教師の教室内での「つごう」に焦点を当てる必要が生じます。キレる子どもは自分自身のつごうでしか動かないので，教師－生徒の関係がおびやかされます。ゆえに，あまり効果的には学べなくなり，その結果，キレる子どもたちの学校での成績は低めになりがちです。

　さらには，教室は本質的には学びのための集団なので，キレる子どもは自分自身の学びだけではなく，他の子どもの学びも中断させます。子どもたちは，突飛なことは起こらない安全な環境でこそ，よく学べるのです。キレることによる行動については，どうなるか予想がつかないとしかいえないのです。そのような環境は，安全に学べる環境ではありません。

6 怒りの結果と法律

　怒りと非行の関係は明らかです。暴行，殺人などの重大な犯罪の多くは，怒りとともになされています。アルコールや麻薬は，理性の歯止めをはずして怒りの反応をさせます。キレやすい子どもたちは，おとなに比べると刑事事件にかかわることは少ないかもしれませんが，キレやすい子どもはキレやすいおとなになりがちなのです。

　キレることで教師や同級生の安全をおびやかす子どもは，英国で放校される生徒がどんどん増えるなかで，大きな割合を占めています[訳1]。放校の結果は，短期的にも長期的にも深刻です。

▶訳者コメント◀

英国の「放校」と日本の「出席停止措置」

　日本では「出席停止措置」であっても，通常は重大なことと受けとめられますが，英国では「放校」が地域によってはめずらしくないことのようです。1998年の英国心理学会においても，教育問題の重要なテーマの1つとして扱われていました。ロンドン大学の教授や院生から聞いた話では，「放校」になった子どもは，通学距離が遠くなるなどの不利益を被りつつ，別の学校に受け入れてもらうのだそうです。しかし，同じことを現在の日本の学校制度のなかで行なうわけにはいかないでしょう。放校されたことが否定的なレッテルとなり，周囲から偏見をもたれたり，自尊心の傷つきとして残ったりするための影響が深刻と思われるからです。もちろん，英国においてもその影響が深刻ゆえに，学会などで議論されているのかもしれません。

7 ふだんの生活への影響

　キレる人を定義づけるならば，それは自尊心の非常に低い，不幸で，わびしい人々です。自分を評価する方法は，他の人たちを評価する尺度でもあります。子どもたちが，何をなし得たかにかかわらず，あるがままの自分にかけがえのない価値があると信じられるほど，自尊心を守るために他の子を踏みつける必要など感じなくてもよくなるのです。自分は自分自身の怒りに対処できると思えるかどうかが，自分の力への見方に影響し，共同体の中での立場やよい関係を維持できるかどうかとか，自尊心とかに長期的な影響を与えます。

8 怒りによる経済的損失

　怒る人々には，とてもお金がかかります。キレて暴力的になると，子どもはコンピュータを踏みつけ，本や積み木を窓に投げつけ，家具を壊します。怒りがエスカレートして，学校に放火をするなどということもあり得ます。そのような被害を修繕するのには，多額の費用がかかります。

　人もダメージを受けます。英国での金曜と土曜の晩の救急病棟の大混雑と，怒りがもとでのケガの治療は，ただでさえわずかな国の保険事業費を圧迫します。その負傷者の大半は若者です。乏しい資源をもっと効果的に使いたいものです[5]。

第4章 さまざまな怒りの表現と対処

中途半端な対応の問題点

章のポイント

* 怒った人が何をするのかは,たくさんの要因の組み合わせによって決まります。
  - ・学習された反応
  - ・信念システム
  - ・自覚していない動機づけ   など
  - ・個人差
* 私たちは自分自身の怒りに,しばしば中途半端な方法で対処してしまいます。
  - ・怒りを置き換える
  - ・怒りを抑圧する
  - ・怒りの表現をひかえる

　この章では,「私たちが怒りにどう対応し得るのか」を見ていきます。まず,怒ったときにどんな行動をするのかに影響する要因について考えます。次に,自分自身の怒りへの対処法を述べますが,それは,他の人の怒りにどう対処するのかということに反映されていくでしょう。

1. 人が怒ってする行動に影響する要因

　怒ったときに人が何をするのかは,たくさんの要因の組み合わせによって決

まります。

それは，①学習された反応，②信念システム，③自覚していない動機づけ，④個人差などです。

どの過程が主な要因なのかは，第2章で取り上げたように，どの心理学的見解にたつのかによって異なります。この章では，すべての要因が多かれ少なかれ表に出る行動を左右するという，交互作用論の立場で考えたいと思います。

① **学習された反応**　たとえば，子どもたちは保護者のようすを観察したり，過去に自分がされた行動から学んだりして，気持ちを表現する方法を学習します。学習した反応は，たとえ短期間ではあっても，自分の要求を満たすことができたでしょう。乳幼児期に体験したことは内面化されて，のちの行動パターンに現われるでしょう。このようにして，他の人が自分の怒りにどのように対応したのかとか，自分の怒りの表現がどのように受けとめられたのか，という初期経験は，のちに私たちが自分自身や他の人の怒りにどのように反応するようになるのかに，大きな影響を与えていると考えられます。

② **信念システム**　私たちの考えや見方が，私たちの反応に影響しているということを，第2章で紹介しました。行動を説明する際の認知主義的アプローチとしての論理療法[※6]は，私たちを怒らせるのは出来事そのものではなく，「その出来事について私たちがどう思うか」（信念システム）である，と示唆しました。第1章で述べた"ダイナマイトの喩え"においては，私たちの考えや信念が，火のついた導火線の部分に相当するのです。本書では，怒りは脅威への反応（一次的情緒から生じた二次的情緒）であると見ていますが，その脅威と

は，持ち物や安全などへの脅威だけではありません。自分らしさの感覚（our sense of self）とか，自尊感情とか，自己認識の方法などへの脅威も，怒りという反応を引き起こします。

　たとえば，次のような例があります。

　　先生が生徒に「上手にできてるね」と声かけしたことで，生徒がキレて，その課題をビリビリに破ってゴミ箱に捨てたとします。
　　その生徒は自分の作品の出来ぐあいに幻滅して，「もっと上手にできれば……」と思っていたところだったので，先生が賞賛したときに「自分はもっと上手にできるというプライドがおびやかされた」可能性があります。つまり，「先生が，ぼくにとってはこれが上出来って思うんなら，ぼくにはこの程度のことしかできないって思ってるんだな」と思ったのかもしれません。

　このような内心での受けとめ方が，「キレる」ことにつながるのです。ほめて肯定的に接することで生徒を励まそうとしている先生は，生徒の怒りに面くらい，不本意に思うことでしょう。

③　**自覚していない動機づけ**　第2章で論じたフロイトの精神力動理論は，「キレる」背景に潜む原因について考えるための別の道すじを与えてくれます。このモデルによれば，私たちの反応は，その時点では自覚していない無意識の欲望や怖れによって動機づけられていると考えられます。

　　……ある子が幼少の頃から，死・病気・家族の別離などによって，親あるいは保護者から引き離されていたとします。そのことによって，再び"拒否される"ことをおそれて緊密な関係を形成することを避けるようになるかもしれません。……学校でおとなに対してわざとケンカをしかけたりする子の例をあげますと，それは，ふたりの関係を試すためであったり，またしても誰かを失って傷つかないように関係をあまり深めないためであったりします。これらは，無意識の恐れであり，子ども自身でさえも気づけないものなのです。それゆえ，子どもに「なぜそんなに怒っていたのか？」とたずねても，このようなことであれば根本の理由に行きつくことはできそうにありません。

先生にとって，生徒の行動が突発的で完全に予測不可能に思えてしまうことがあるのもうなずけるでしょう。

④ **個人差** 近年の生物学的な研究によれば，個々人がどんな感情の経験をどのようにするのかは，多かれ少なかれ生物学的な素質によっています[8,9]。情緒的反応は，脳の一部分である小脳扁桃の指令で引き起こされますが，意識的な思考をつかさどる新皮質を経由することもあります。ですから，自分の感情がどういうものなのかを言語で表現するのに困難があると思われる人は，情緒的に過敏で激しやすく見える人とは異なった神経学的パターンがあることを示しています。私たちの多くの情緒的反応は気がつかないうちに起きるのですが，自分の感情により自覚的な人々は，より容易に自分の情緒をコントロールします。そしてそのことによって，自分の反応をモニターしたり，長期的にみてその情緒が役に立つのかどうかを考慮したりする機会が得やすくなるのです。その高度なレベルの自覚は，情緒の健全な表現と結びついているようです。

統制のきかない非合理的なやり方ではなく，統制された合理的なかたちで反応する能力に影響する他の個人的要因は，身体の健康，ストレス，人間関係，仕事，などです。しかしながら，これらの外的な要因に私たちがどのように対処して反応するのかは，ここで述べた内的な要因によっても影響を受けます。

2．人は自分自身の怒りにどう対処しているのか

私たちは自分自身の怒りに，次のうちのどれか，あるいは複数の方法で対処しています。

① 置き換える ⎫
② 抑圧する   ⎬ 中途半端な対応法：この章で論じます
③ 表現をひかえる ⎭
④ むやみな怒りの表現＝問題のある怒り（これを少なくすることが本書全体のテーマです）
⑤ 望ましい怒りの表現＝効果のある怒り

これらのうち，中途半端な対応法（1・2・3）についてみていきます。

1 置き換えられた怒り

　本来向けるべきではない人や物に，怒りが向けられることがあります。それらはたいてい，本来の相手に怒りを向けることが危険であると考えられるためです。

　たとえば，ある日の朝，ある生徒の家でもめごとがあったとします。さらに，その生徒は，もめごとをさらにややこしくすることや，親の暴力・暴言をおそれて，家では怒りを表現できないと感じているとしましょう。そのようなときには，その怒りが，登校後に先生に向けられたりします。短期的には，しばらく煮えたぎっていた身体と気持ちの緊張がゆるんで，その生徒はせいせいするかもしれません。しかしながら長期的には，学校での人間関係を台なしにし，効果的な学習を妨害し，自尊感情を害し，その後に罪悪感や抑鬱感をもつことになりがちです。学校で怒っても家庭で生じた争いは解決しないので，家でもその行動パターンが変わらず，学校ではあらたな問題を次々と生じさせていくようになってしまうのです。

2 抑圧された怒り

　「抑圧」という心理学用語は，無意識の動機づけのところで紹介した精神力動理論からきています。こころの無意識層は，それを意識にのせることなく，記憶を蓄え，行動や感情を統制することができるとされています。ですから，

抑圧された怒りとは，無自覚のうちに行動に影響している怒りといえます。そのような怒りの爆発の理由を理解するためには，個々人が無意識の記憶と感情を意識的な気づきにもっていく手助けをしなくてはならないでしょう。

3 表現されなかった怒り

　表現されなかった怒りとは，意識され気づかれたものではあるけれども，あえて表現されなかった怒りのことです。かなり幼い頃から私たちは，怒りを表明することは"不作法"で"悪い"ことであると学習するようです。事実，家庭や文化によっては，あらゆる否定的な感情の表出が不適切なこととみなされます。

　たとえば，学校で小さな子がサンタさんから贈り物をもらったけれども，それが気に入らないとしましょう。その子は，本当の感情は表に出さないで，喜びを表現してお礼を言うようにし向けられるでしょう。

　私たちは通常，他者を傷つける強い感情はひかえるようにしています。しかしながら，私たちが自分の感情を正しく表現する手段をもたないときには，私たちは，混乱した，あるいは一貫していないメッセージを伝えていることになります。言語的メッセージと非言語的メッセージのあいだに不一致がある場合には，最も力をもつのは，非言語的メッセージです。ゆえに，感情を表現するための適切な方法を学ぶのは重要なことですし，それは，他の人の感情や立場を尊重することでもあるのです。ほしくないプレゼントをもらったときに，小さな子に怒りを爆発させてほしくないと私たちが思うのは，くれた人の感情を害したりせず，贈る行為を尊重したいためです。けれども，その子にとっては，すんなり納得できる方法で，残念だった気持ちを表現するための適切な言葉やタイミングを学習することが重要なのです。

　怒りの表現をひかえることは，大切な人を傷つけないようにする方法でもあり，また，強い否定的感情の表現は受容されないという学習から出たものかもしれません。これは幼い頃に学習され，その罪悪感は適切な怒りの表現までも強く抑えこんでしまうのです。不幸なことに，表現されなかった感情は，あまり重要ではないことに「漏れ出す」か，あるいは，抑制しないで表現する場合よりもひどいかたちで大切な人を傷つけるという，不適切なかたちで爆発するまで，消え去ることはないのです。

　一方，ある事例では，抑制あるいは抑圧された怒りが，抑鬱の原因ともなる

とみられています。抑鬱は，怒りが自分の外側の何ものかに向けられるのではなく，自分自身に内向きになったものとみなせます。それは，何年もかけて固まる，個人の深い次元の行動様式になり得ます。文化的には，女の子のほうが男の子よりも迎合的で，家族の中を平穏にするようにしつけられるようです。そのため，強い否定的感情をもった時に罪悪感をもつ危険性は女性においてより高いようです。これらの考えは，怒りを抑圧，抑制，あるいは内向きにする可能性を高くし，それゆえに，外界の事象に怒るのではなく，悪いのは自分なんだと感じさせます。

▶訳者コメント◀

自責の傾向性

「悪いのは自分なんだ」……ある人にとっては，どうしようもなくそのように思えてしまうようです。不登校傾向があったある大学生は，友人からのひどい言葉についても，最終的に「相手にそんなことを言わせてしまったと自分を責め」て落ちこみ，リストカットなどをしてしまうようでした。関係が親しいものであるほど自分を責める傾向になってしまうので，親しくなるほどつきあいが苦しくなるようです。

第 II 部

「荒れ」という状況への対処

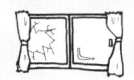

第5章
「荒れ」を避けるために
学校全体での対応と学級での対応

章のポイント
* 「荒れ」を回避する計画は，次のようなことを含みます。
  ・子どもたちや若者の行動に影響する，より広いシステムについての理解
  ・次のような要素がかかわっている度合いについての分析
    子どもの要素　　　先生の要素　　　保護者の要素
    学校の要素　　　　地域の要素　　　社会全体の要素
* 学校での予防的アプローチは，次の3つの水準を網羅するポリシーをつくり，導入し，更新することを含みます。
    学校全体
    学級あるいは集団
    個人

　「荒れ」は，さまざまな出来事の総称です。「荒れ」は自然現象であり，地球規模の気候変動のなかの一部分です。激しいにわか雨も，たとえそれが小さいものであっても，より大きな環境要因とつながっています。それと同様に，かんしゃくを起こしている子どもも，周囲の環境に影響を及ぼしています。と同時に，周囲から影響を受けています。図5-1に示したブロンフェンブレンナーの「発達の生態学的モデル」は，その中心にいる子どもが，周囲のたくさんの環境要因から影響を受けていることを示しています。
　環境要因のうち，中心の子どもに近いものには，その子どもの家族や，先生，友だち，近所の空き地などが含まれるでしょう。その外側には，場合によって

は重要な影響を与える親戚，ご近所の人々，メディア，校長先生などがあります。

　図5-1と次のページの図5-2は，これらの要因が互いに影響し合って，いかに複雑に子どもに影響しているのかを示しています。子どもの内面の諸要因によっても，子どもが環境にどのように応じるのかが異なります。ブロンフェンブレンナーのモデルのなかから，子どもの教育に影響する要因はどれなのか焦点を絞り，子どもの怒りに対処する方策を考えるとよいでしょう。

　この章では，学校での荒れを避けるための計画づくりを主にして，今まで触れてきたことや，図5-1と図5-2にある要素のいくつかを取り上げるにすぎません。学校の組織は家族よりも公的で，より多くの人によって運営される規則や気風があります。けれども，子どもたちの怒りは，むしろ，学校にいるときのほうが抑えきれないようです。

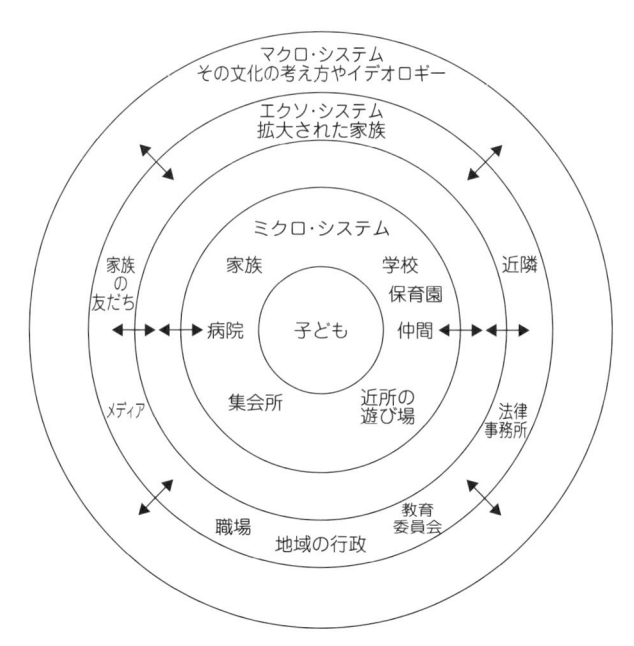

図5-1　ブロンフェンブレンナーによる，子どもの発達の生態学的モデル

第5章 「荒れ」を避けるために

図5-2 学校をよりよく機能させるために（ブロンフェンブレンナーの図式の応用）
　　　　ⒸSouthampton Psychology Servis/ISIS.

　子どもたちの怒りへの対処は，図5-3に図式化したように，3つの水準で行なわれることが考えられます。通常の学校運営と同じく，3つの水準で怒りへの対処が行なわれるのです。

　この3つの水準のうち，学校全体の水準と学級やグループの水準について，この章で考えていきましょう（個人の水準については本書の他の章で詳述しています）。

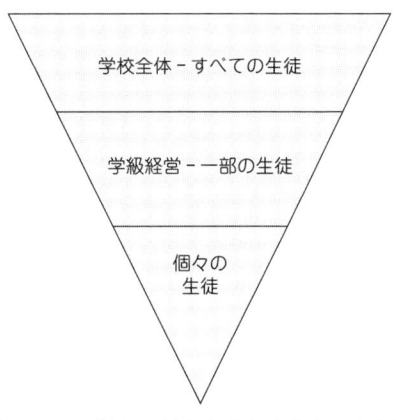

図5-3　怒りに対応するための3つの水準

1．学校全体の水準

　英国の学校の教職員の多くは，一人ひとりの子どもたちの最大限可能な発達についてはっきりとした見通しをもち，学校全体としての対応指針でトラブルに対応しようとしています。そのような教職員は，ふだんの心づかいと人間性に即して，行動をよくするための指針を少なくとも１つはもっていることでしょう。

　一方で，教職員の中には，そのような指針のことを，たんに教育行政担当者を満足させるための作文でしかないと文句を言う人もいます。その人たちは，個々の学校でそんな指針をつくるのはむだな労力であると感じているかもしれません。しかし，長年の学校での経験から，筆者らはそうは思いません。本来，できる限り多くの教職員・子どもたち・保護者がかかわって指針がつくられ，前向きな教職員が明確な目的意識や使命感をもって一生懸命に取り組むことで，学校はよりよくなります。このような指針のない学校は，怒りへの対処がうまくいかず，放校の率も高く，クラスの運営もうまくいっていません。よい指針には，４つの主な要素があります。

1-1　学校全体の環境
　まず，学校全体の環境ですが，それは，物理的な環境も，人間関係という環境も含みます。学校全体の環境要因は非常に複雑であり，学校の運営形態，教師間の関係，生徒たちと教職員との関係，教職員と保護者の関係，さらには外部の諸機関との関係など多岐にわたります。それらを，どのようにして活かすのかということを，各学校で積極的に検討することが必要になります。わずかの予算であっても，施設や設備の改良をすると，子どもと教職員両方の行動によい影響があるようです。たとえば，カーペットなどのやわらかな内装を使用することで，騒音をぐっと少なくし，学校の雰囲気を人間味のあるものにし，行動の改善にもつながるのです。

1-2　報酬と罰のしくみ
　適切な行動をうながし，不適切な行動をやめさせるため，報酬と罰のしくみ

が，学校の指針には必要です。報酬は，年齢にあったもので，予測ができ，価値のある，倫理的に適切なものでなくてはなりません。そして，努力，達成，規則の遵守，親切など，さまざまな理由で与えられるのが最善でしょう。同様の基準が，罰あるいは償いにも必要と思われますが，不要な対立を回避するために，罰が与えられる理由が完全に明確で，教職員・子どもたち・保護者にとってよく理解のできるものでなくてはなりません。

▶訳者コメント◀

協同による規律

　本書第7章の「2．子どもの気持ちへの対応と行動の修正」にも，下記のように書かれています。
　　……段階的に定められた報酬や償いが重要なのは，それによって，「罰」の副作用の多くを避けることができるからです。償いのさせ方がよくないと，自分のした行動のまずさなど問題でなくなり，自分がさらにおとしめられたと感じるだけなのです。……
　その副作用がなるべくないような協同による規律をつくるためには，以下の本（「協同による規律」については第10章）が参考になります。
デブリーズ，R. ザン，B. 著／橋本祐子・加藤泰彦・玉置哲淳　監訳
『子どもたちとつくりだす道徳的なクラス』（大学教育出版）

1-3　新しい行動を教えること

　学校の指針は，新しい行動を教えるものである必要があります。その新しい行動は，学校におけるさまざまな授業や行事にかかわってきます。社会的スキルを習得するプログラムを実施したり，怒りへの対処のグループ活動をしたりするのであれば，慎重な配慮が必要です。そのために，特に，これらの実践の開発段階において，教育心理に関する外部からの助言・支援が必要になるでしょう。

1-4　危機への対応

　たいへん良好に運営されている学校でも危機は起こり得ますから，その「危機への対応」を学校がどのようにするのかを，対応指針ではっきり示す必要があります。そしてその指針は，ケンカ，いじめ，器物破損，悪口，その他の破

壊的な行動をすべて扱えて，偶発的な事件にも対応できる必要があります。これらすべての出来事に対応できる手配が，教職員・子どもたち・保護者に知られ，倫理的実践としても専門的な観点からも首尾一貫しているべきです。

今のところ，怒りの問題を扱っている学校指針は英国でもほとんどありません。学校での指針の多くは，子どもたちに規則を守ることを期待しているだけです。ですから，子どもたちに効果的な対応をするとか，ましてや，学校でどのように怒りに対処するかを明確に示す指針をもってはいません。

上記の4つの内容のそれぞれが学校の指針に網羅されていたら，子どもたち，保護者，教職員，教育行政のどの観点から見ても，その学校は効率的で効果的な方向に向かうに違いありません。英国の教育委員会は，1996年に，「不利な可能性に対する勝利：恵まれない地域での効果的な学校運営」というたいへんに興味深い研究において，成功した学校の特徴を10項目示しています。それが，怒りへの対処に卓越している学校の特徴と重なりますので，次のようにまとめておきます。

① 怒りへの対処が行動指針の優先的内容であるとする，校長の強いリーダーシップがあること
② 先生も子どもたちも価値観を共有し，魅力的な環境をつくるなかでのよい雰囲気をもっていること
③ 怒りへの効果的な対処ができると，子どもたちに高い期待が寄せられていること
④ 先生と子どもたちが怒りへの対処方策を学ぶことに，きちんと焦点が当てられていること
⑤ 子どもたちのよい評価が得られていること
⑥ 子どもたちも，学習に責任をもっていること
⑦ 子どもたちが学校生活に参加していること
⑧ 子どもたちの成功への動機づけが高いこと
⑨ 保護者の関与があること
⑩ 子どもたちの関心を拡げ，校内によい人間関係を築くための課外活動

一見して，これらの要因の多くは，怒りへの対処とはあまり関係がないように見えますが，実践的には，怒りへの対処方策を計画する際の主要項目として用いることができます。

2．学級やグループの水準

　学校全体の要因に加えて，学校全体を視野に入れた上で学級や集団の運営に配慮をすることが必要です。その配慮によって，怒りへの対処が促進されます。

① **一貫性**　個々の教師の実践も，共同での実践も，そこでの規則・報酬・罰はすべて妥当であり，道理にかなっていて，多くの人の合意を得るように一貫していないといけません。つまり，教師によって子どもへの対応に大きなズレがあるようではいけません。

② **行動と達成についての高い期待**　これは，能力にかかわらず，すべての子どもにチャンスがあるごほうびと表裏一体のものです。ごほうびは，真心こめて，適切に，なるべく遅れずに，子どもたちが受けとれる方法で（長年ほめられたことがない子にとっては，個人的にそっと報酬が渡されないと，賞賛にどう応じてよいかわからないこともあるのです），なされなければなりません。クラス全体をほめるのも，よい動機づけになります。そして，もしも非常に怒りやすい子どもがいたとしても，クラスが目標を達成するのに貢献する機会を与えられたら，その行動を変えるかもしれないのです。

③ **結合性**　先生が，すべての子に対して公平であることが大事です。子どもたち・保護者・同僚の先生に明示され，合意された価値を保つことで，周囲の人のためになろうとする雰囲気がつくられるのです。

④ **持続性**　教室であまりに予想外のことが起きないようにします。また，何かを変化させるとしても，可能なときに，少しずつ変化させていくことです。

⑤ **満　足**　先生と学習者の両方の満足が大切です。いつもといわないまでも，たいていは，すべての子どもたちがわかって達成できるように学習課題の設定がなされることで，この満足はもたらされます。

　学校全体を視野に入れたクラスや集団の運営モデルを考えるときには，さら

に次のようなことも目指すべきです。

⑥ 競争を減らすこと　「自分は，能力のない仲間よりすぐれている」ことを誇示するための競争であれば，それは不健全です。そんな競争よりも，お互いに尊敬できる雰囲気で，個々人の可能性を追求することに力を注いだ方が賢明です。

⑦ 対立を減らすこと　誰もが入ってくる教室においては，おとなと子どものあいだでは，対立は避けるべきことです。それを避けるためにすべきことや，すべきではないことについては，第9章の「1．危機の場での対応」で述べます。

▶訳者コメント◀

「荒れ」たクラスへの対応

　いわゆる「荒れている」といわれる，ある中学校を訪問したことがあります。1年生のあるクラスでは，板書しながら説明する若い先生の話も注意もまったく聞かず，何人もの生徒がおしゃべりやゲームをしたり，歩き回ったりしていました。その同じクラスが，パソコンに向かって描画を行なう授業では，皆が課題に集中していました。教師の力量の違いだとしたら，その違いは埋まっていくものなのでしょうか。授業形式や課題の違いだとしたら，その違いは仕方のないものなのでしょうか。クラスをうまくまとめられない状況に一番キレそうだったのは，おそらく大学卒業後間もない若い先生でした。その先生がキレなかったのは，周囲の先生や保護者の支えがあったからだと思います。

　小学校でも，1対1での対応を要する子が何人かいるクラスでは，先生はてんてこまいです。授業に集中できない子の発言や行動が，生真面目な別の子にとっては不快でたまらず，ぎりぎりまでガマンしてついにキレてしまう，などということもあります。「このクラスを，ひとりの先生でまとめるのは無理」と私は思うのですが，現実にもうひとりの先生を配置するのは簡単なことではないようです。

　もちろん，荒れたクラスをまとめる，すごいと思える実践をされている先生もいます（読書案内参照）。では，誰もが同じ実践をできるのかというとできないし，仮にまったく同じ実践をしてもうまくいかないと思います。さまざまな実践を参考にしつつ，それぞれの先生が持ち味を発揮して，よりよいと思える実践が展開されていくことが理想でしょう。しかし，まずは，実践が本になるような「すごい先生」でなくてはクラスをまとめられないような状況を，さまざまな方策で変え，先生を支えていくことが必要です。

第6章 「荒れ」を切り抜ける
早期の気づきと多様な対応方策

章のポイント
＊先生や保護者は，次のことをふまえて上手に介入することができます。
- 暴風サイクルについての理解（5つの段階ごとの適切な対応）
- 初期の兆候への気づき（子どもをおとしめないで早期に対応）
- 多様な沈静方策の理解（方策のデメリットも理解して臨機応変に対応）

　キレた子にうまく対処できるような，すぐれた指針を学校がもっていたとしても，ときには「荒れ」（大荒れの天気☞第1章）は起きてしまいます。
　この章では，子どもがキレて暴力事件にエスカレートしてしまいそうな場合にどうしたらよいのかを見ていきます。
　まず，問題のある怒りのプロセスを説明し，事態への介入の最も効果的なタイミングについて述べます。次に，初期の兆候の重要性について述べ，さらに，いくつかの沈静方法について検討します。

1．介入の効果的なタイミングを知る——暴風サイクルの理解を通して

　攻撃的な出来事がどのような段階で生じるのかを押さえることで，いつどのように介入すれば効果的なのか，また，私たちの反応がどの出来事をどういう

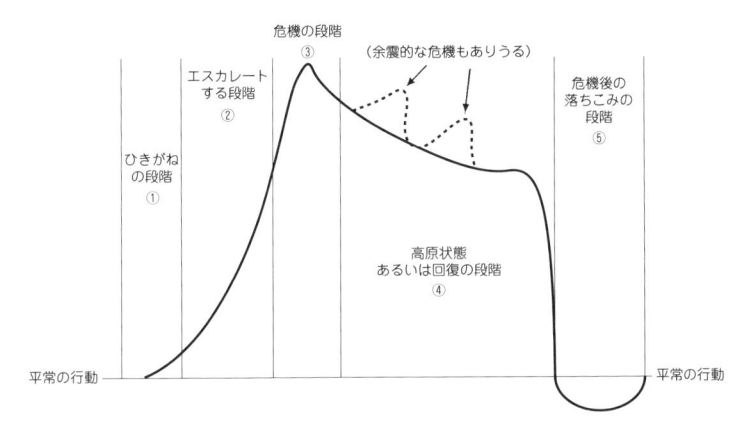

第Ⅱ部 「荒れ」という状況への対処

```
       危機の段階
         ③
  エスカレート        (余震的な危機もありうる)
  する段階                          危機後の
    ②                            落ちこみの
ひきがね                              段階
の段階                                 ⑤
  ①
                    高原状態
                  あるいは回復の段階
                        ④

平常の行動                            平常の行動
```

図6-1 暴風サイクル(「怒りの行動への対処」★9)

方向にもっていくのかを理解できます。暴風サイクル★9には、①ひきがねの段階、②エスカレートする段階、③危機の段階、④高原状態あるいは回復の段階、⑤危機後の落ちこみの段階の5つの段階があります。

① **ひきがねの段階** このひきがねの段階は、第1章で述べた"ダイナマイトの喩え"でいえば、誰かの導火線に「点火」する段階であり、キレる状態につながる考えや感情を刺激するものです。それは、生徒が事件や出来事から脅威を感じる段階です。この脅威というのは、自分の安全や持ち物への実体的な脅威だけではなく、自尊心や自己イメージへの脅威も含みます。子どもの怒りを止めるのに最良のタイミングは、怒りの最初期です。そのときには、身体はまだ怒りの準備が完全にはできていませんし、話を聴いたり返答したりすることができないほどムカついてもいないからです。身体がいったん「闘うか逃げるか」の準備を完了させ、"ダイナマイトの比喩"の爆発点まで達しつつあると、事態を変化させるのはとても困難になってしまいます。そうなると、事態は第9章で述べる危機管理で扱う話になってしまいます。

② **エスカレートする段階** エスカレートする段階は、身体が「闘うか逃げるか」の準備をする段階です。体内でアドレナリンが放出され、筋肉が緊張し、呼吸が速くなり、血圧があがります。この段階でもまだ行動を変化させるチャンスはありますが、この状態がエスカレートするほど冷静な判断ができなくなり、変化はむずかしくなっていきます。この過程は、ダイナマイトの導火線に

なぞらえることができますが，その導火線の長さには個人差があります。その違いは，第4章で述べたように，周囲の人がどのように怒りに対処していたのか，自分の怒りがどのように扱われたのか，という初期の学習経験や，個々人の生物学的な素質の結果でもあります。

③ **危機の段階**　危機の段階は，子どもたちが冷静な判断力を失い，周囲の人に共感することもできなくなる段階です。これは，"ダイナマイトの比喩"では，爆発に相当します。この段階では，人の言うことを聞くこともできませんし，何を言われているのかもわからないのです。

④ **高原状態あるいは回復の段階**　その次には，「高原・回復」の段階がきます。その段階で，怒りはだんだんと沈静化します。身体が平常に戻るには時間がかかるのです。この段階で不適切な介入をすると，すぐに再び怒りをエスカレートさせてしまいます。身体はまだ部分的には，すぐに行為を起こせる状態ですし，この段階の子どもたちの感情は，傷つきやすく混乱したままなのです。罪悪感が生じ始めてきて，それが子どもたち自身には脅威に感じられてしまい，怒りがまた高じてしまうということがあるのです。

⑤ **危機後の落ちこみの段階**　危機後の落ちこみの段階は，高い覚醒状態にあった身体が，休養と回復を必要としている段階です。話を聞いて考えることが，この段階ではできるようになり，子どもたちはたった今起きた事件について気まずく思い始めるでしょう。罪悪感は，自分自身への否定的な感情になりがちです。しかし，自分自身への罪悪感と，自分の行動についての反省を区別することが，その際に助けになります。自分に向けた罪悪感は，否定的に受けとめられて自尊心を低め，子どもたちをいやな思いにさせてしまいます。一方で，行動への反省は，謝罪，償い，あるいは，今後の行動をいかに変えるのかを慎重に考えるというような，意味のある行動につながります。

④の回復の段階で，もしも導火線が再点火されたら，暴風サイクルが容易に繰り返されてしまいます。私たちは往々にして，暴風サイクルの「高原・回復」の段階と落ちこみの段階にかかる時間を少なく見積もって，回復前に介入してしまいます。おとなの場合でも，深刻な爆発の後に身体が通常の状態に戻るのに90分はかかります。2人の人が言い争いをしているとすると，お互いにひきがねとなり続け，暴風サイクルをしばらく繰り返すこともあり得ます。少なく

とも45分，理想的には1時間は沈静化を待ちましょう。それから，先生や保護者がその子どもと，どんなことが起きたのかを話すのが，実際には賢明でしょう。ほぐれるまでにかかる時間は，その子の年齢や出来事の深刻さによるでしょう。小さな子は，おとなが不快な感情をひきずってしまうのに比べれば，激した感情から抜け出してすっきりするまでの時間は短いのです。

▶訳者コメント◀

怒って泣きやまない幼児

　訳者が発達相談のために通っていたある保育園でのことです。何かが気に入らなくて泣き出すと1時間近く泣き続ける，5歳の男の子K君がいました。

　その日は，ちょうど給食前にかんしゃくを起こし，K君は廊下で大声を出し，ドタバタと足を踏みならしていました。給食時間も終わりに近づきましたが，給食も食べないで泣き続け，ついにはゴミ箱の中身を散乱させ，それを集めては細かくちぎって，また放り投げていました。

　時間に余裕のあった私は，しばらくK君のようすを見ていましたが，なんとなく隣に座りたくなり，横に行きましたが無視されていました。そこで，K君の注意をこちらに向けようと，一緒にゴミちぎりをしました。さすがにK君は，意外な面持ちでこちらを一瞬見ましたが，またワーワー泣きながらちぎっては散らかし始めました。私は，しばらく一緒にちぎりながら，ずっとこんなことやっているわけにいかないなあと，感情のあふれ出る場に知的なコントロールをもち込みたいと考え，紙をまるくちぎりながら「マル，マル，マル」とちょっと泣き声風に言ってみました。K君に，さきほど以上に知的な関心の目で，見てもらえました。しめたと思い，「サンカク，サンカク，サンカク」等と続けると，K君も小声でぶつぶつ言いながら，図形にちぎり始めました。一緒にひとしきり，さまざまな形のごみを作り，K君の表情が落ち着いた感じがしたので「そろそろやめようか」と提案すると，コクンと首を小さく動かしました。おなかすいたねと声をかけ，「K君，一度泣いちゃうと，泣くのやめようって思っても，やめられないの？」とたずねると，「ウン」と上目づかいでうなずきました。

2．初期の兆候を見抜くために

　トラブルの初期の兆候を見抜くことができたら，「キレる」のを止める機会を得やすくなるでしょう。これは，その子どもをよく知っているのかどうかに

もよりますし，見分け方を学ぶには時間はかかりますが，より早い時期に介入するほど，結果は良好なのです。

　爆発の初期に介入することで，なりゆきにまかせるよりも，危機を防ぐチャンスを得やすくなります。だからこそ，初期の兆候を見抜くことが事を荒立てないために役立つのです。子どもの注意を自分自身の悲痛からそらしたりまぎらわせたりすることも，助けになります。子どもをリラックスさせる活動や話し合いや交渉も効果的でしょう。なぜならば，私たちおとなは，どうも爆発が起こりそうだと見るとそれにおびえ，私たちの反応までもが暴風サイクルをそのまま反映したものになってしまうからです。自分までキレてしまうのを避けることが，この段階では重要です。その出来事から距離を置くことができるならば，私たちは冷静でいられるでしょう。その怒りが私たち個人に向けられているようであっても，それも子どもの内面の葛藤や困難の現われであり，その子どもが問題に対処するためや，注意をひくために学習した結果であると，わかっておくことが重要です。

　初期の兆候とは次のようなものです。

- 身体の動揺（落ち着きがなかったり，持ち物をいじったり，脚を突っ張らせたり）
- 顔の表情の変化
- 視線の合わせ方の変化
- 身体の姿勢の変化

・顔色の変化
・声のトーンの変化
・挑戦的な言葉
・クラスでの位置の変化
・情緒の不安定
・示唆や批判への過度の敏感さ

　ここで強調したいのは，これらの兆候は子どもによって異なり，その子のことをよく知ることが大切だということです。基本的に，私たちが見ている兆候は，気持ちが高ぶったときに現われる行動の変化です。ほとんど兆候が見られずに，もっとしっかりと見ないといけない場合もあるでしょう。その兆候は，環境や，どんな脅威にさらされていると見るのかによっても，異なってきます。
　この段階では，おとなは，兆候を見て見ぬふりをして問題が解消してしまうのを望んだり，下手に介入してかえってこじらせてもいけない，などと思いあぐねたりします。キレる兆候は，いったん始まったら止めることのできない怒りの反応の始まりなのですから，無視するのは得策ではありません。おとな側からの，なんらかの肯定的な働きかけが必要です。この段階で，事態を悪化させるような言葉は，次のようなその子どもをおとしめるような言葉です。

　「おとなしくしていろ」
　「もうちょっとおとなだと思ったけどねぇ」
　「ばかげてるわね」
　「もうやめなさい！」

　この段階での適切な介入方法を見つけることは，攻撃的な対決を避けるための最善の道です。

3．いくつかの沈静方策を知る

　次にあげる方策は，怒りを抑制し，高ぶった感情を落ち着かせるのに役立ちます。

1 気をまぎらわすもの

これは，子どもの年齢が低いほど有効でしょう。お気に入りのおもちゃや近くで起きる出来事で気をまぎらわすことで，こだわっていたことから注意をそらすことが十分にできます。

2 居場所を変えること

その場から子どもを移動させることで，爆発へのエスカレートを上手に防ぐことができます。たとえば，子どもに大事な用事を頼んでもいいでしょう。これには，子どもをその場から去らせるだけではなく，子どもの自尊心を高めるという利点があります。安全かどうか心配になったり，さらにもう少し手助けが必要と感じたりするならば，その子と一緒に行ってあげたいと感じるかもしれません。あるいはまた，怒りがあなた自身に向けられていたとしたら，あなたのいないところで「頭を冷やす」時間を与えることは，よいことでしょう。このような事態での対応手続きについて話し合っておき，その合意に基づいて行動するために，家庭や学校全体のシステムが重要なのは明らかです。

3 違うことをすること

あなたがその子どもに参加することを求めている課題や学習内容を変えるだけでも十分です。よい行動のためのプログラムに，学習内容や課題にイラだっ

た場合の対応法を子どもたちが学ぶことが含まれていることも大切でしょう。

4 身体的な接近

　子どもによっては，身体的な接近によい反応を示します。視線を合わせたり，最低限の身体的接触をしたりすることで，効果があるでしょう。この方法がうまくいくかどうかを判断するために，その子どものことをよく知っておくことが重要です。ある子どもにとっては，身体的な接近は，脅威や不安を増すだけになってしまうこともあります。この方策は，あまりよく知らない子どもへの対応においては，避けるべきです。

5 ユーモアを使うこと

　この方策も，子どもがそれを聞いて，自分が軽んじられたと誤解してしまうこともあるので，慎重に用いるべきです。もちろん，皮肉やあてこすりは避けるべきです。高いリスクはありますが，ユーモアに含まれる心理的な反応は怒りのそれとは対極にあるため，たいへんにうまくいくことがあります。笑いは，とても効果的な怒りの解毒剤なのです。

6 傾聴

　子どもたちにとっては，しっかりと言い分を聞いてもらえていて，自分の意見が尊重されていると感じることが重要です。そのことが，10代の子どもにとって特に重要な「自分は事態を変えられる」という感情を強めるのです。その時点では，不安や感情について立ち入った話をする時間がなくても，後でしっかりと話し合う機会があることを子どもに保障することは，重要なことです。事後の対応は，その出来事の数時間後にするべきで，それによって子どももすっきりするでしょう。

7 リラクセーション

　「キレる」寸前まで高まった感情をおさめるために，深呼吸，筋肉の緊張－弛緩運動など，直接的なリラクセーションの手法を用いるように子どもに勧めるのも適切でしょう。もちろん，これらの方法は，子どもたちが冷静に受け答えのできるときに教えておかないといけません。そして，怒りの初期の兆候が生じたときに，それを思い出すようにしてあげるのです。子どもたちには，走

ったりサッカーボールを蹴ったりして運動し，鬱屈した感情をはき出したり高ぶった感情をしずめたりする必要もあるでしょう。音楽の方がリラックスできる子どももおり，その場合は音楽を演奏したり聴かせたりしたらよいでしょう（巻末の「訳者による読書案内」参照）。

　脅威にさらされたと感じる場合に，私たちおとなも気持ちが高ぶって暴風サイクルに入り込んでしまう危険性があるということを覚えておきたい，と思います。もしもそうなると，私たちはむやみに叱りたくなり，子どもとの力比べになり，状況を沈静化させるどころか，エスカレートさせてしまいます。私たちおとなは，心理的にも身体的にも，平静を保つことができなくてはなりません。先に示唆したように，心理的に平静でいるためには，その出来事にのめりこまないことです。リラクセーションや気をまぎらわすことや，子どもへの対応法として推薦した沈静化方策が，子どもへの対応においてだけではなく，おとな自身にとってもきっと有用でしょう。

　この段階のもう1つの憂慮すべき問題は，子どもの怒りに対して私たちが「快適な」代替策でなだめることで，子どもの受け入れがたい行動を強化してしまっているのではないか，ということです。たとえば，もしも「学校の規則を守るように」と言った際に怒りの爆発の兆候を子どもが示したときに，何かを与えられてなだめられたらどうでしょうか。その子は先々，また，なだめられて何かを得ることを期待したりしてしまうでしょう。その場合には，「キレる」のを避けるという問題と，より適切な行動を選択することを子どもたちに教えることを区別することが重要です。肯定的な行動のプログラムは，子どもたちに爆発のひきがねを理解することと，脅かされたり戸惑ったりしたときに異なった選択肢を選ぶことを教えるために，常に適用可能でなければなりません。しかしながら，キレた結果は本当にひどいものなので，導火線に火がつきそうなときには，爆発を避けるように子どもたちを援助するのが肝要です。導火線に火をつけるひきがねを理解して避けることは，子どもたちの肯定的な行動プログラムの重要な部分なのです。

　困難な状況を沈静化するための方策の根本からすると，キレる子どものための完全な計画があることが重要なのです。その計画は，対立状況で使える方策とともに，いかにしてよりよい選択をするのかを子どもに教える肯定的な行動のための方策を組みこんでいないといけません。それらの個々の子どものため

の方策を支えるために，学校全体の取り組みが必要なのは明らかです。
　……そして，「荒れ」がしずまった後も，まだなすべきことがあります。それが，次の章（第7章）の主題です。

第7章 「荒れ」の後で……

逆ギレしないで次に活かす

章のポイント
* キレている子どもをすぐに説得しようとしても無駄です。
  すっかり落ち着くまで待って：思ったより時間がかかるものです！
* まず，真剣に耳を傾けましょう。
  その子が"何かにとても怒っている"ということを肝に銘じて。
* 次に，その爆発のひきがねをひいた問題をその人が解決するのを援助しましょう。
* 怒るのももっともだけど，だからといってキレる行動は受け入れられないことを示しましょう。

　この章では，「荒れ」がおさまった後に，何をすべきなのかを考えます。
　「荒れ」によって荒れた事態をどうするのかということと，そのような行為をしてしまった子どもの気持ちへの対応と，行動を修正する方向づけについて考えます。

1．荒れのすぐ後に

　激しい雷が強烈な電気エネルギーによるのと同様，「キレる」のも心の動きが強烈に現われた結果です。「荒れ」が過ぎ去った後も，遠くで雷がゴロゴロと鳴るのが聞こえたり，突然に「荒れ」がぶりかえしたりして，ひどいめに合うこともあり得ます。すでに検討した暴風サイクルのことを思い出して，感情

の強さを見誤らないようにし，子どもが再びキレることのないようにしなくてはなりません。キレてしまった子どもたちに対して，特にその怒りが暴力になっている場合には，とても重要な原則を覚えておかないといけません。それは，感情が強いほど，その子に合理的な思考は期待できない，ということです。危機的な状況においては，筋を通そうとしても無駄です。議論するとか，脅すとか，償いがどうなるのか話すとか，より高度な動機に訴えるとかしても，よけいに怒りや押さえのきかない反応を「挑発」してしまうのがおちです。

キレている子どもたちに最初にしなくてはならないのは，落ち着かせ，感情の強さを下げていくことです。両手のひらを，指を上向きにして，胸の高さのところで，空気をそっと叩くように，だんだんゆっくりと上下させる，なだめの動作（「まあ，まあ」と言いながらされることが多い動作）によって，人の気持ちを落ち着かせ得ることが実証されています。開いた手のひらは，平和的で攻撃的ではないジェスチュアであり，手の動きをだんだんゆっくりさせることが，うまく気持ちがしずまるのと対応します。いったんキレてしまったら，その後に落ち着いたように見えても，どんな身ぶりや声でも，あるいは力や優勢さを示すポーズでも，しずめることはできません。この最初の段階において，私たちが子どもに示すことができるのは，私たちの気づかいと，耳を傾けているという姿勢です。

この気づかいは，キレている子どもの感情よりもちょっと弱いレベルで示すとよいようです。これはムード・マッチング（雰囲気の同調）という技法です。もしも，私たちが動揺した人の前で平静を保っていたとしたら，拒否しているか無関心であると思われてしまいます。私たちは，声のトーンや，話す速さ，身体の動きによって，本当に気づかっているのだということを示そうとしなければなりません。しかし，このことは，相手よりも感情のレベルが少しずつ弱くなるようにしつつ，行なわれなければなりません。こちらがあまりに動揺すると，相手をのせてしまうことになります。逆に，あまりにわずかですと，相手の思いをあまり受けとめていないということになってしまいます。

子どもたちは，脅かされたり攻撃されたりしたと感じたときにキレるのです。

ここでの攻撃とは,たいてい,"見下された"とか"けなされた"とか"不公平に扱われた"とか感じるようなことです。怒りの感情は,コミュニケーションがうまくいかないことによります。ある場合には,誰かが本当にその子どもにひどい接し方をしたのでしょう。あるいは,子どもが,暴言や暴力でキレる以外のかたちでコミュニケートすることができなかったからであったりします。キレた子どもに対しておとながすべきことは,話し合いを円滑にすることです。それは,ていねいに聴き取り,その傾聴の態度を示すことで最もよく達成されます。そのことで,その子どもを尊重していることがメッセージとして確実に伝わるのです。先述したような,落ち着かせの技法とともに,最初に行なうべきは,その子がとっても怒っていることをちゃんとわかっていることを,その子に伝えることなのです。怒っている子が言っていることの意味や感じていることの両方を受けとめる傾聴のスキルは,最初の重要なステップです。このことは,子どもの怒りが,その怒りに対応する私たちがしたことへの反応である場合には,とりわけ重要です。私たちは,怒りの「ひきがね」(おそらく,なんらかのかたちで,何かをするよう求めたり,しないように制限したりすることで)になることもありますし,「第三者からの脅威から自分をうまく守ってくれなかった……」と子どもたちに思われてしまうこともあるのです。私たちは「こういう理由で,怒って動揺しているのね」というメッセージを子どもに伝えなくてはならないのです。そして,そのメッセージには,「そう感じるのは無理ない」ということと「そうするのは良くない」ということを,私たちが区別していることも含まれることになります。「理性」を取り戻せるレベルに感情がおさまったならば(それには,私たちが思うよりも長い時間がかかることを銘記しましょう),するべきことが2つあります。

　1つめは,その子の自尊心への脅威に思えた問題の解決を助けることです。もう1つは,受け入れがたい行動については相応の償いが伴うという事実を受け入れさせることです。

　1つめの課題については,一方でその子をなだめながら,もう一方で問題を解決するということを,微妙なバランスをとりつつ,成し遂げなくてはなりません。なだめる時間が長すぎますと,また爆発する危険性があります。その問題(たいていは,不公平とか,攻撃とみなされたこと)の解決のために,私たちが何もしていないとみなされてしまうからです。子どもが問題解決にかかわれるレベルに落ち着く前に,問題解決にあわててとりかかると,今度は,私た

ち自身が，雷や閃光(せんこう)に打たれてしまうことになります。

　この問題解決の段階は，感情的な反応のひきがねになった出来事に関する事実確認から始まります。ここで重要なのは，私たちは説明の正しさを判定しようとしたり，感情を害したと感じている子どもを正当化しようとしたりしているのではないということです。私たちは，さまざまな質問を用いたり，子どもの言ったことを繰り返したり要約したり，言語・非言語のコミュニケーションから拾い出した感情の機微を言葉にして返したりして，判定的ではないカウンセラーの役割を果たさねばなりません。この傾聴をした後にしなければならないのが，出来事の後始末をして出直すことです。

2．子どもの気持ちへの対応と行動の修正

　新しい出発のためには，その子どもが経験した不公平感を修復しなければなりません。おとなの立場としては，それは，子どもがもう「キレない」ようにし，できるだけひきがねがないような状態をつくることを意味します。おとなのすることは，ときには，不公平感を解消し，その爆発のひきがねとなった人の行動を抑えることです。またあるときには，行動主義的，精神力動的，および認知主義的な考え方を用いて，これからはどう対応したらいいのかをその子どもと一緒に考えるということになるでしょう。このようなことを行なうには，感情の爆発の後に使える時間だけでは明らかにたりません。そこで，「後でこの問題についてくわしく話し合いましょうね」ということを，その子にとって支えや助けになると感じる言い方で，伝えておく必要があるでしょう。

　2つめの課題に関しては，たいへんに慎重な対応が必要で，繰り返し強調している，「感じた気持ち」と「行ない」の重要な差異にかかわっています。キレた状態においては，その行動の定義をするならたいてい，自分自身や他の人（おとなでも，子どもでも）や，持ち物に対する破壊を含みます。受け入れがたい行動にはそれなりの償いが伴うということを，子どもたちがわかるのはと

ても重要なことです。この事実について冷静に感情的にならずに，子どもたちに警告する必要があります。そして，とりあえずそこまでで止めておくのがいいでしょう。まずい行動への償いの詳細については，爆発の数時間後か翌日に持ち越してもいいでしょう。もしも，ことが穏便に対応されて子どもが平静になったら，明らかにやりすぎたことについての償いが受け入れられる公正なものであると，子どもはわかるでしょう。

　経験的には，おとな（特に，権威があるおとな）が「待つ」ことができないで，子どもの気持ちが平常に戻っていないのに規則の適用を始めてしまい，しばしば自分も感情的になって受け入れがたい行動についての罰を適用し始めると，さらに子どもを怒らせ問題をこじらせるだけなのです。それよりは，すべての感情がおさまるのを待って，あらかじめはっきりと決められている償いを，感情的にならずに適用することがよいのです。「学校全体での対応指針」や，段階的に定められた報酬や償いが重要なのは，それによって，「罰」の副作用の多くを避けることができるからです。償いのさせ方がよくないと，自分のした行動のまずさなど問題でなくなり，自分がさらにおとしめられたと感じるだけなのです。「怒られた」と子どもが感じなかったら，心機一転やり直せるのです。

　「荒れ」が過ぎ去ったら，太陽が輝き，ちょっと雨が降るかもしれませんが，まだやるべきことがあります。

　そのやるべきこととは，予防的なもので，危機対応ではありません。自分のダイナマイトが爆発しないようにするにはどうしたらよいのか，子どもたちが学習できるように支援する必要があるのです。そのためには，子どもたちのコ

ミュニケーションのスキルを高めることで，より社会的に受け入れられるかたちで子どもたちが強い感情に対処したり，それを表現したりする方法を習得させるのです。

傾聴のスキル

　傾聴のスキルを学ぶことは，キレやすい子どもと向かい合う際には，きわめて重要です。

　真剣に耳を傾けて聴いているということを，あなたはどのように相手に伝えますか。

　からだの姿勢ですか，声のトーンですか，それとも，視線をはずさないことですか。

　相手の話した内容を要約して繰り返したり，言い換えたりするスキルも，学んでおきましょう。

問題解決の会話手順

① 何が起こったのかを，はっきりと事実に基づいて話してもらえるようにしましょう。
② その事態に対処するための他のいくつかの方法も考えて，そのなかから選んでもらいましょう。
③ 生徒にその方法を実行できるスキルがあるということを保証してあげましょう。
④ その後どうなったか，報告をできる機会をつくりましょう。

　本書の最初の方で，そしてこの第7章で，問題のある怒りを予防したり，怒りに対処したりするためのアイディアについて検討しました。

　次の第8章では，子どもたちが怒りに対してよりうまく対処するための，個々の子どもを援助する特定の方法について考えていきます。

第Ⅲ部
子ども・学校・保護者が変わってゆくために

第8章
「キレる」子どもとの共同
怒りに対応する16の技法

章のポイント

＊子どもたちが自分たちの怒りを制御するのを助けるために使える，多くの技法や技術があります。

＊"ダイナマイトの喩え"の導火線を消す方法としては，次のものがあります（第6章で紹介しました）。
　①気をまぎらわすもの
　②居場所を変えること
　③違うことをすること
　④身体的な接近
　⑤ユーモアを使うこと
　⑥傾聴
　⑦リラクセーション

＊おとなや子どもが身につけておくべきスキルとしては，次のものがあります。
　⑧積極的な無視──ちっぽけな違反をとがめない
　⑨つぶやき法と自己沈静法
　⑩行動変容（自己表現的しつけや自己表現的な親業を含む）
　⑪対立の解決
　⑫よい行動を教える
　⑬仲間による仲裁
　⑭治療的な喩え（いやしのお話）
　⑮社会的スキル・トレーニング
　⑯怒りの解消法（たとえば，10数えるとか，100まで数えるとか）

第Ⅲ部　子ども・学校・保護者が変わってゆくために

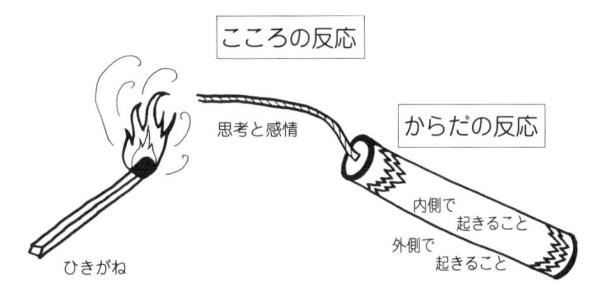

図8-1　ダイナマイトの喩え

図8-2　"ダイナマイトの喩え"のあてはまる実例

　キレてしまいやすい，トラブルを起こす子・起こされる子を助けてあげる方法はいくつもあります。そのなかでも，その子どもたちが要求を適正に満たすための力を得て，自分でなんとかできるようにし向けるのが，最も効果的です。ウイリアム・グラッサー[11]によれば，人間には，次の5つの基本的な要求があるそうです。

　・生存と生産
　・所属と愛
　・力を得る
　・自由になる
　・楽しむ

第 8 章 「キレる」子どもとの共同

　怒りへの対処が少ししか，あるいはまったくできない子どもたちは，これらの要求を満たそうとして，他の人の権利を損なってしまうのです。

　上記のような要求の先には，マズロー★12によって記述された「高次の要求」が存在します。特にマズローは，「自我」(ego) の要求，つまり自尊心，自信，達成，有能感をそこに含みこんでいます。マズローの階層のいちばん上に「自己実現」があります。それは，人が自分のすべての可能性を実現したときのことであり，どちらかといえばまれな現象です。キレやすい子どもについては，親・保護者・教師，その他の専門家を含む責任あるおとなが提供する支援は，マズローのいう「低次の欲求」にかかわっているのが実際のところでしょう。これらの低次の欲求とは，次のようなものです。

- ・身体的欲求：呼吸，食べ物，休憩，保護
- ・安全の欲求：危険・脅威・剥奪（はくだつ）からの守り，怖れからの自由
- ・社会的欲求：所属，共同，受容，愛し愛されること，友情を与え合うこと

　悲しいことに，トラブルをかかえ，自分や他者の安全を保障するために早急な支援や指導が必要な子どもたちは，とても多いのです。そこで緊急を要する介入については，第 9 章の「1. 危機の場での対応」のなかで述べることにします。そこでの危険な行動を抑制するための対処方略は，あくまで短期的な処置でしかありません。

　基本的に大切なことは，子どもたちが自分を理解し自分で自分を変えていけるようになるための出発点をもたせることなのです。

　年齢も能力も異なる子どもたちが自分の怒りについて，深く理解し始めることを援助する活動は，「行動のようすの記録」あるいは「怒りの日誌」です（子どもが自分でつくるか，わずかの手助けでつくるのが望ましいのです）。この日誌（巻末の付録の WS-C1 をご覧ください）は，「怒りの温度計」（図 8－3：WS-C

図 8－3　怒りの温度計

3）を完成させるのに使えます。これらを使うことで，子どもたちは，何が自分の怒りの「ひきがね」になるのかわかるようになるでしょう。また，責任あるおとなと話すなかで，先々において自分を怒らせるような人・出来事・物・場所などとどのように折り合いをつけるのか，話せるようになることでしょう。

　このような作業は，家庭において食事・排泄・衛生・きょうだいゲンカ・宿題・整理整頓などのことで生じる問題について，よりうまく対応するのにも使えます。子どもがより年少であれば，どうしたらよいのかを考えるのにより多くの助けが要るでしょう。

　学校のなかでは，個別指導計画におけるインクルージョンの対象が誰なのかと考えるのに役立ちます。そして特に，子どもたちや若者が自分の怒りへの対処を改善する計画を自分でつくるのに有益でしょう。

　人の思考・感情・行動の重要性についての第2章での議論からすれば，「行動記録」や「怒りの温度計」は，キレやすい子どもだけではなく，まず保護者や教師などのおとなが実施してみてもよいでしょう。そこにはおそらく，2つの利点があります。1つめは問題を新たな枠組みでとらえることになり，問題解決の中心人物が，「子どものなかにだけ問題がある」という見方をしなくなることです。もう1つは，子どもたちが「怒りへの対処って，おとなになってからもやらなきゃいけないことなんだ」と思えることです。

図8－4　ダイナマイトの爆発

　「行動記録」や「怒りの温度計」だけではなく，怒っている子どもが爆発ぎりぎりなのを止めるためのたくさんのうまいやり方，スキル・テクニックがあります。それらは，次のようなものです。

1 気をまぎらわすもの
2 居場所を変えること
3 違うことをすること
4 身体的な接近
5 ユーモアを使うこと
6 傾聴
7 リラクセーション
8 積極的な無視
9 つぶやき法と自己沈静法
10 行動変容（自己表現的しつけや自己表現的な親業を含む）
11 対立の解決
12 よい行動を教える
13 仲間による仲裁
14 治療的な喩え（いやしのお話）
15 社会的スキル・トレーニング
16 怒りの解消法（たとえば，10数えるとか，100まで数えるとか）

　導火線の火を消す手法（1〜7）は，どの年齢の子どもに対しても教師や保護者が利用できるものですし，第6章（3．いくつかの沈静方策を知る）ですでに取り上げました。もちろん，年齢相応の実施の仕方があろうかと思います。
　さらに，スキルを身につけさせる手法（8〜16）は，子どもの行動をほめたり自覚させたりすることで，教える必要があることでしょう。これらの手法には込み入ったものもあり，教師や保護者が誰でもすぐに実施できるというものではないでしょう。専門機関などと相談して，支援や訓練をしてもらえるとよいと思います。
　では，これら9つの手法について，順に見ていきましょう。

8 積極的な無視

　この手法は，長い目で見てうまくいくように，トラブルや挑戦的な行動をあえて無視するものです。たとえば，もしも子どもが汚い言葉をつかったとして，それがヒソヒソ声であったとしましょう。教師としてはそれは放っておいて，その子どもに何か別のよいことをさせるように焦点を当てた方が賢明でしょ

う。多くの対立は，実際には，ちっぽけな行動やルール違反をとがめて，教師や保護者の方から挑発しているのです。

9 つぶやき法と自己沈静法

　これらの手法は，子どもたちが冷静なときに教えておく必要があります。また，その子ども自身が，自分の怒りには問題があることをわかっている必要があります。理想をいえば，自分の感情をうまく扱うことを学ぶことに興味があるとよいでしょう。そこまで行くには，キレることで自分がどんなに損をしているのかが理解できるセッション（第3章の図3－1の怒りのパイを参照）を何回か必要とするでしょう。おそらく，日記や行動記録（巻末の付録：WS-C1，WS-C2）をつけたり，怒りの温度計（WS-C3）を使ったりすることで，どんなときに自分がキレるのか理解できることでしょう。

　つぶやき法は，怒りがこみ上げる前に初期の兆候に自分で気づいて，考えや言葉や行為によってそれを落ち着かせる方法です。たとえば，自分の母親のことを侮辱されてキレそうになったことがあったならば，そのようなときに使うように「かっこよく無視！」などのフレーズを教えておくのです。この言葉で，次に教わった考えが浮かぶようにしておくのです。その考えとは，「こんなのはかわせる。こんなことは前もあったし，うまくやりすごせる」というようなものです。もしも，その挑発が調子にのって続くなら，その方法を繰り返すか，もっと別の方策も教えておく必要があるでしょう。つぶやき法は，怒りの初期の段階でしかうまくいきませんし，別の方法との組み合わせが必要です。

　つぶやき法を，深呼吸やリラクセーションと組み合わせるのも，より効果的でしょう。鼻から深く息を吸って口から静かにはき出す呼吸を，「こんなのはかわせる。こんなのかわしちゃう」という考えと組み合わせたりするのです。

　自己沈静法は，つぶやき法と組み合わせた行為によって，さらにうまくいくでしょう。たとえば，右手の親指を，他の指に順にくっつけて指数えをするというようなやり方です。それも，相手の注意をひいてしまわないように，不連続に行なうといいでしょう。あるいは，呼吸をうまくモニターできるように，手を横隔膜の近くに置くだけでもいいのです。

　問題のある怒りをよく起こす子どもたちにとって，もしもキレることが日常になってしまっているならば，非常によく構成された教え方と，これらの手法を繰り返し学ぶ機会が必要でしょう。さらに加えて，ある本には，その自己沈

静法そのものが強迫的で問題のある行動にならないようにすることが重要であると書かれています。

10 行動変容（自己表現的しつけや自己表現的な親業を含む）

　自己表現的しつけは，よく練られ構造化されたプログラムです。それは，何をしなくてはならないのかについての，明白で筋の通った一貫したメッセージを子どもに与え，手順通りにうまくいった行動にはほうびを与え，メッセージに従わなかった場合には否定的な結果を伴わせることで，子どもたちの学習を教師や保護者が手助けできるようにデザインされたものです。自己表現ができるようにするための訓練は，通常，1日ほどかかりますが，そのプログラムについての下記の特徴から，どんな内容か少しわかると思います。

・自己表現のコミュニケーション
・伝えたいことを言う。言った通りのことを伝える。そして，理想的には1回だけ言う（でも，必要なら繰り返す準備をしておく）。
・肯定的な枠組みで，はっきりと，不明瞭ではないメッセージを使う（たとえば「あなたの本を持っていってほしいの」と言えたらほめる）。
・1人ひとりの子どものよい点をつかむ(悪い行動に反応するのではなく)。
・話し言葉をバックアップするため，あるいは話し言葉の代わりに，話し言葉以外の肯定的なコミュニケーションを用いる（たとえば，「だめ」に首を横に振ったり，「はい」にうなずいたりする）。
・「壊れたレコード法」を使う。要求を多くて3回まで，静かに繰り返す（これで受け入れてもらえなかったら，あらかじめ計画した別のことをできるよう準備しておく）。

［行為でコミュニケーションを支える］
・もしも子どもが繰り返してのお願いを聞き入れなかったら，警告を発する。
・もしも無視が続いたら，対応する罰(たとえば，授業のあと1分居残り。さらに無視するようなら，授業後2分居残り) を与える。

　この対応は，印刷・掲示された計画に基づいてのみ行なわれるべきで，一時

の思いつきや子どもに予告されないかたちで与えてはいけません。よく使われる有用な計画を 2 例，あげてみましょう。

この対応では，子どもの権利を侵害してはなりません。また，なるべくその行動の直後になされるべきでしょう。

［教師用］	［保護者用］
警告	警告
1分の居残り	5分早い就寝
2分の居残り	10分早い就寝
校長先生との面会	好きなテレビ番組を見られない
家族の呼び出し	週末に外出禁止

　行動を変える他の方法は，できれば子どもと合意したうえで，目標に向かってステッカーや星のマークを貼っていく表を用いることでしょう。学校ではどう行動するように期待されているのかについて，家庭においては学校に行く準備をするとか約束の時間を守るとかに使われることが典型的なようです。ここでも賞賛がうまくいく秘訣です。望ましい結果をほめて，その子の顔を明るくすることです。

▶訳者コメント◀

学級の刑法？

　子ども・保護者・教師が話し合って，どのような違反行動がどのような権利の制限と対応するのかを決めて，そのリストを教室に掲示するというようなことは，訳者が訪問したロンドンの小学校では，最年少の学級でさえ行なわれていました。まるで学級内で刑法を定めているかのように思い，最初は違和感をおぼえました。しかし実は，そこに示されている行為以外のことでは子どもは罰せられない，そこに示されている内容以上の償いや罰は課されないという"罪刑法定主義"によって，むしろ，教師の側の恣意的な叱責や懲罰を制限しているという側面もあるのです。

　家庭でも，「そんなこといけないに決まっている」と恣意的にルールをもち出し，不当に重いと子どもが感じるような懲罰をする独裁者的な振る舞いを保護者がしにくくなることが，このような取り組みの重要な意味でしょう。

　もちろん，新たに禁止するべき事項が出てきたと思われたときには，掲示物の内容の見直しも必要でしょう。

11 対立の解決

　学校においては，対立の解決は道徳の時間などに教えるのが最もよいでしょう。特にキレやすい子どもたちだけではなく，すべての子どもに実施できたらより効果的で，子どもたちは，下記のようなはっきりとした価値基準に支えられることになるでしょう。

　　「独自の視点をもつ1人ひとりの権利を尊重しましょう」
　　「他の人がどのように感じるのかを理解しようと，常に努めましょう」
　　「他者の権利を侵害することなく，自分の必要を満たしましょう」

　子どもたちがもつ価値基準を導き出すには，子どもたちと一緒に考えるのが最善です。なのに，多くの学校では子どもたちに多くのことを期待しすぎて，子どもはあっぷあっぷしています。けれども，それが子どもたち自身の目指すことでなければ効果はないのです。

　家庭においての対立の解決は，学校に比べてはるかに定着しにくいでしょう。なぜならば，保護者はたいてい教育の専門家ではないからです。

　保護者にとっても教師にとっても，子どもたちに適切で便利な対立の解決スキルを教えようとする際には，1つの単純なルールが必要です。それは……

　　"Win&Win 解決を目指すこと！"　です。

　下記の単純な，1人のおとな（保護者か教師）と1人の子どもの対立（たとえば，時間までに宿題をかたづける）を解決する「結果の表」を見てみてください。

[子ども]	[おとな]
勝ち	勝ち
負け	勝ち
勝ち	負け
負け	負け

　もしも，その問題が争わざるを得ないものであれば，平等に「みんなが勝つ」というようなことはあり得ないことでしょうが，それでもなお，両者にいい感じを与えるように試みてください。問題にかかわる人が多くなるほど，そこに

働く力関係はどんどん複雑になることを銘記しておいてください。たとえば，1つの学級には1人の先生と30人の子どもたちがいたりするのです。しかしながら，下記のような簡略なガイドラインに沿うことで，望ましい解決を促進することができるのです。

- もしも誰かがまだ怒っていたら，対立を解決しようとしない（爆発の後は45分までは待つ）。
- 「キレる」かわりになることを教える。（最後の「16 怒りの解消法」を参照）
- 「私は……メッセージ」のみを用いる。
  たとえば，教師であれば，「誰かが教室を歩き回っていると，私はいやなんだけどね」。子どもであれば「ぼくは，宿題がいやになることがよくあるんだ」
- 「非叱責」の文化を取り入れようとする。
  教師の場合には，次のようには言わない。
  「あなたが教室を歩き回っていると，私はイライラするんだよ」。
  子どもの場合には，おとなに向かって次のようには言わない。
  「先生に宿題をやれって言われると，ぼくは，宿題がいやになることがよくあるんだ」
- 「私の感じ方だと……」「私にどう見えたかというと……」という言い方を用いる。
  他の人の視点から，自分のことをわかってもらえるように，自分にはどう見えたり，感じたりしたのかを述べる。
- それが小さくても，自分の側の問題を認識する。
  たとえば，「やりたくないことをやれと言われるのは，ムカつくことだろうなって，私にもわかるよ」
- 共同して，解決法なり部分的な解決法なりを見出し，できるだけ Win&Win 状況に近いものを選ぶ。
- 今回，自分の win が大きかったら，次回は気前よくゆずる。

12 よい行動を教える

子どもが文章を読めるようになるために，たいていの学校ではカリキュラム

をつくり、どう教えるかの枠組みをもち、授業計画や評価、基準づくり、教師の訓練、教育資料、家庭と学校の連携、などを準備しています。しかしながら、よい行動を教えるためのプログラムは、ほとんどの学校がもっていないのです。さらに奇妙なのは、生徒の行動に関する問題が学校の議事の最重要あるいはそれに近いと、多くの学校が報告していることです。「行動は発言にまさる」という前提からすると、よい行動を教えるというのは、子どもが望むかどうかにかかわらず、子どもたちがよいことをするのを援助することから始めるのが最善でしょう。キレやすい子どもは、自分を「良い」とみなせるように援助してほしいのです。なぜなら、自分が「悪い」子であると感じるような経験ばかりをしてきたからです。少なくとも、キレる子が良いことをすることでの利点が2つあります。1つめは、彼らが自分たちの「良さ」を感じるようになって自尊感情を高めることです。2つめに、他の人(仲間、両親、教師など)から見た彼らのイメージが変わるということです。

　ローレンス・シャピロ*[13]によれば、コナリ出版社が『どんなことでも親切運動』と呼ばれるシリーズを刊行し、ついには米国で国中の子どもたちが「一日一善」を始めたといいます。「親切な行為」の例としては、誰かのためにドアを開ける、悲しんでいる人に何か励ましの言葉を言う、慈善運動に少額の寄付をする、などです。このような親切には伝染性がありますが、仮になくても、1つひとつの行動はよいことなのです。

　教師や保護者は、次のようにしてよい行動を教えることができます。

- 子どもが少なくとも毎日1つはよいことをしていることに気がついていると伝えてあげること。
- 子どもたちが自分の善行の記録をつけるようにうながし、たまっていくポイントのようなものを準備してもよい。
- どのようにすれば善行なのか、はっきりとしたわかりやすい指示を与える。
- 行動変容プログラムとつなげる。

13 仲間による仲裁

　仲間による仲裁は、2人以上の子どもの間の争いや口ゲンカを解決するために、中立な第三者の立場で、仲間の生徒が仲裁する取り組みです。仲裁をする

生徒は，訓練を受け，専門家であるおとなの緊密な助言を受け，争い解決の原則を理解している必要があります。

　仲裁をするためのガイドラインは以下のようなものです。

- よい聴き手になる。
- 聴いた内容を「伝え返す」ことで，聴き取り理解したことを示す。
- すべての人に，その人なりの状況説明や意見を言う機会を平等に与える。
- 中立を保つ（どう思おうとも，一方の側につかない）。
- 口ゲンカや争いの内容がわかったら，すぐに，当事者の子に，解決法やこれからすることについてのアイディアを出してもらう。

仲裁は，次のような段階で行ないます。

(a)基本のルールを確認する
　　───お互いに話す機会を与え，話に割り込まないで聴く。
　　───問題を解決することを望んで仲裁過程に入る。
　　───合意したルールや得られた解決に従うことを受け入れる。
(b)問題や言い争いの内容をはっきりさせる（それぞれの子について）。
(c)いくつかの解決法を，その利点を論じないで，はっきりとさせる。
(d)すべての人が共生できる（誰かが敗者にならない）解決法を選ぶ。
(e)先々，同様の争いを避けられるように考える。
(f)明るく終わる（「はい，みなさんでよい解決ができましたね」）。

▶訳者コメント◀

仲間による仲裁

　仲間による仲裁という取り組みは，ピア・メディエーションとカタカナで紹介されていることもあります。また，コンフリクト・リゾリューション（葛藤解決，コンフリクトの解決）として紹介されている活動も，子どものためのプログラムであれば，ほぼ同様の取り組みと思われます。

　もう少し詳しく知るためには，次の文献がおすすめです。

　楠　凡之　2001　コンフリクトの解決と平和創造　心理科学研究会（編）『平和を創る心理学──暴力の文化を克服する』（ナカニシヤ出版所収）

14 治療的な喩え（いやしのお話）

　治療的な喩え，あるいは，いやしのお話は，ある問題を誰か他の人や場所や物に移し変えた話にすることで，強い感情を安全で比較的脅威のないかたちで上手に扱うものです。「危険な」お話が，喩えを使って，より問題解決に焦点を当てたかたちで語られれば，キレやすい子どもの多くも，どう行動したらよいのかを直接言われるよりも，その間接的なメッセージはより受け入れやすくなるでしょう。

　リチャード・ガードナーは25年間かけて「相互物語法」を開発し，行為障害（重篤な問題のある怒りでしばしば特徴づけられる，挑戦的行動あるいは行動化）をもつ子どもたちが，自分たちの行動についての罪悪感が不十分であることを示唆しています★13。物語法は，罪悪感のかわりに反省の気持ちを発達させ，同時に，その反省の気持ちから先々の怒りをいかに避けるかを探ります。そのことで，子どもたちが罪悪感を，より肯定的な感情ととらえ直すことを可能にします。精神力動的な用語でいえば超自我の統制を促進させることであり，認知主義的にいえばより適切な自己対話をつくり出すことです。

　「相互物語法」は，子どもと共に対象を選び，それについての話をすることで行ないます。たとえば，ガードナーの記述によれば，動物，人間，身の回りのもの，怪物，などの入ったおもちゃの袋から，子どもがいろいろ取り出します。次にその子が，そのおもちゃについてのお話をつくり，そのお話から教訓を引き出します。それから，セラピストは，おもちゃを拾い上げて，テーマは同様ですが，主人公が社会的に望ましい選択をして個人の責任を示すようにさせて，肯定的あるいは修正的なお話をします。この手法は，たとえば，子どもがおもちゃを選んだらポイントを与え，お話をしたらもっと多くポイントを与え，そして，そのポイントがたまったら適切なごほうびがあるというような行動変容プログラムとつなげることで，より効果的になります。この手法を繰り返していくと，その子のお話が手づくりの本になったり，お話の選集になったりします。それを，子ども自身のイラストや，切り絵や貼り絵，クリップアートや写真で飾ってもいいでしょう。よく出てくるテーマに着目することで，現実生活の問題のある怒りに，その子がより効果的に対応するのを励ますことになるでしょう。

　実際上は，このような取り組みは，国語や道徳などの「物語創作」のなかで行なわれています。しかしながら，このような取り組みを治療的な位置づけで

行なうには，訓練と助言が必要です[7]。

15 社会的スキル・トレーニング

　社会的スキルのためのカリキュラムは，保護者によって支持・支援され，最小限の原則を守って，学校ごとに工夫される必要があります。このようなカリキュラムの目的は，社会的に望ましい行動の仕方を教えることで，すべての子どもたちの発達をうながすことです。学校においては，多かれ少なかれ，道徳のカリキュラムの中に社会的スキルの訓練を盛り込むことが典型的といえます。けれども，通常のレベルよりも，より構造的で能力にあった教え方が必要な子どもが多くいるともいわれています。効果的なカリキュラムは，次のような要素を含むものです。

- ・集団のなかで，自分自身や他の人を紹介する能力
- ・上手な傾聴のスキル
- ・適切な視線の合わせ方や，その他の非言語的なスキルの上手な使用
- ・会話においてうまくやりとりするスキル
- ・適切に分け合う能力
- ・上手な話し方（話す速さ，声のトーン，声の大きさ）
- ・道理の通った指示に従う能力
- ・遊びやゲーム，あるいは学級のルールに従う能力
- ・課題をやりとげたり楽しんだりするためのグループに加わること
- ・挑発やその他のじゃまを無視すること
- ・適切に，意見，感情，アイディアを表現すること
- ・適切に助けを求めること
- ・賞賛を受け入れること
- ・自分や他者の怒りに対処すること
- ・仲間やおとなとのよい関係をつくって維持すること

　このリストは，すべてを網羅（もうら）しているわけではありませんが，たくさんある他のスキルも，この多様な内容のなかに含むことができるでしょう。このスキルのそれぞれについて，劇づくり，ロールプレー，新聞の発刊，地域のサービス，ゲーム，学校外に出ての活動，そしてスポーツなど，さまざまな創造的な教育方法を用いて展開することができます。悲しいことに，時間割が詰まって

いるために，多くの学校では創造的な取り組みはなかなかできません。その結果，生徒たちは，道徳を重要ではないとか，優先順位が低いとかいって拒絶します。おかしなことですが，教師たちは一方で，行動の仕方を生徒に教える時間をあまりとらずに，もう一方で，「生活指導」に要する時間の増加を嘆いているのです。

▶訳者コメント◀

社会的スキル

　社会的スキル・トレーニング（SST）について，「現実の問題はもっと複雑で深刻で，現実の中で学ぶべき」という指摘をする人もいます。このような指摘に対しては，自動車学校の存在意義について考えることで，検討してみることができると思われます。確かに，自動車学校のコースは現実のコースとは異なりますし，実際に一般道を走る路上教習においても，横に教官が乗り，儀式的なマナーも遵守することが求められます。では，そのような訓練が，後の運転の際に役立たないと言えるでしょうか。もちろん，自動車学校での訓練も SST も絶対ではなく，現実に事故や衝突が起きてしまうこともあります。しかし，そのような際のより安全な処し方も，事前の学びによって大きな違いが出るでしょう。いきなり独力で路上に出て，さまざまな衝突を経験しながら腕を磨いていくのは，交通量も激しい現代では，危険度もコストも高すぎます。人間関係も同様であれば，予防的な訓練は無意味とはいえません。SST なども，人間関係の問題をすべて未然に防ぐ万能薬的方法なのではなく，現実社会への適応のためというニーズから生じたものと言えないでしょうか。

　より詳しくは，下記の文献をご覧ください。
相川　充　2000年　『人づきあいの技術：社会的スキルの心理学』（サイエンス社）
渡辺弥生　1996年　『ソーシャル・スキル・トレーニング』（日本文化科学社）

16 怒りの解消法

　ここで述べることは，子どもやおとなを「キレ」させないようにするための「小さな方略」にすぎません。これらのうちのいくつかは，導火線を消す手法とつながっています。そして，心理的あるいは身体的に怒りがこみあげてくるのを感じたときには，それらのすべてが，すぐに使えるものです。これらの手法は，ひきがねがひかれたときであっても，導火線に火がついたときであっても，爆発の前ならば使えるものです。

- 行動を起こす前に，10数える（もし必要なら100まで！）。
- 枕やクッションを殴る（けがをしないように）。
- 運動をする（動きのある活動をする）。
- 聴いてくれるおとなに話す（先生や保護者がそれをしっかりと受けとめる必要がある）。
- 壊れて繰り返すレコードの手法（あなたを挑発する人に対して，「あなたにあだ名で呼ばれると傷つくけど，無視するわ」と言い続ける。挑発にならないように）。
- 亀忍法を用いる。殻に守られているかのようにして，どんな挑発にも応じない。
- 静かに歩み去る。
- 気分のやわらげや機嫌取り（たとえば，「そんなひどいことを言わざるを得ないんですね。残念です。だって，私は本当に，あなたとけんかしたくないんです」）。

キレてしまいやすい子どもへの対応

① 1週間，子どもが自分自身の日記あるいは行動記録をつける（よい行動もよくない行動も記録する）。

② 保護者や教師も，その日記（行動記録）をつけることに協力する。

③ 次の1週間は，その生徒の目標となる，よい行動を3つ見つける。

④ 上記の8〜16の対応策のなかから，少なくとも3つを選ぶ。
そして，目標を達成するために，その対応策をどう使ったらいいのかを子どもに教える。

⑤ 第6章で詳しく説明した1〜7の対応策のなかから，導火線を消す方略を3つ選んで実行する。教師でも保護者でも，それらを用いることができる。

⑥ 次の2週間は，望ましい方向に向かっていることをほめながら，生徒のことをよく見て，支え，励ましていく。

⑦ その2週間の後で，当初の目標を検討して，変化させたり，新しいものを加えたりしてから，ここまでの過程を繰り返していく。

以上，この章でみてきた方策を用いている学校や家庭でさえも，ときには危機が生じます。次の第9章では，問題のある怒りによる危機に対して，いかに準備し，いかに対処するのかをあらかじめ計画することに焦点を当てていきます。

▶訳者コメント◀

キレる子との共同の構築のために

「この本にあるようなワークシートには，本当にキレる子は見向きもしないですよ」。複数の高校の先生方から，ズバリと言われました。そうかもしれません。クラスに一斉に配って記入をさせたら，何人かの生徒には，まるめて捨てられるでしょう。本書のワークシートは，原則として，そのような集団実施は想定されていません。また，生徒のなかには，そもそも読んで記入するような作業がテストみたいで「うざったい」子もいるでしょう。

では，どうしたらよいのでしょうか？ 訳者のアイディアを下記に書きますが，あくまで1つの案です。このような実践の導入は，まさに状況に応じて工夫するべきものであり，先生方や保護者の方の知恵の発揮しどころでしょう。

・本書のワークシートをいきなり集団で実施しても，あまり効果があるとは思えません。
・できれば，落ち着いた状況で，おとなひとりと子どもひとりで実施するのがよいでしょう。
・その場合，子どもに実施を強制しても，うまくいかないでしょう。
・まずは，おとなの側が「どんなときに，キレそうになるのか」「どのくらいキレたことがあるのか」を話してみたり，本書102ページ以降にのせてある子どもたちの声を一緒に読んでみたりしてもいいでしょう。
・すると，みんなキレそうになることがあるということがわかり，「キレないおとなが，キレる子どもに何かやらせようとしている」のではないということを示すことになるでしょう。
・選択肢を，その子のいる状況に応じて作り替えてもよいでしょう。
・クラスで102ページの「怒りについて，子どもたちや先生の声をきく」と同様の設問でアンケートを実施し，その結果を配って全体で話し合ってから，ワークシートでの作業を希望する子だけを集めて実施してもよいでしょう。
・上記のようなアンケートの実施が，用紙への記入ではいやがられる場合には，携帯電話から先生のパソコンのアドレスにメールで送ってもらってもいいかもしれません。
・「怒り」の感情ではなく，もっと生徒が関心を寄せている内容のアンケートを実施して，その結果を共有するおもしろさを経験してからだと，なおさらよいでしょう。

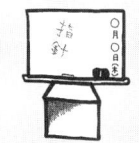

第9章
学校での危機管理
適切な対応のための指針の共有

> **章のポイント**
> *子どもが「キレた」ときの影響を最小にするために，次のことを考慮することが必要です。
> *その場での対応———「すべきこと」と「するべきでないこと」
> *学校全体での対応指針——全員の話し合いでつくる
> *身体を使っての介入——最後の手段の適切な用い方
> *報告をきちんとし合うこと

　これまでの章で,「キレる」前の初期の兆候に気づいた時点で, 導火線を消すことについて論じてきました (☞第6章)。また,「荒れ」を避ける方法についても, 環境を通しての手法 (☞たとえば, 第5章の学校全体での取り組み) も, 個人の怒りを鎮める手法 (☞たとえば, 第8章での沈静化の手法など) も見てきました。そしてさらに, 他の人の行動を異なった視点から見ることや, 強い感情を伝えるためのよりよい方法を子どもたちに教えることの重要性についても論じてきました。

　しかしながら,「キレる」ことを減らすためにあらゆる手段を講じても, 子どもたちが我を忘れ, 自分や他の人に危害を生じさせそうなことは起こります。私たちはそれにも対応しなくてはならないのです。これは, 個人が暴風サイクルの危機段階にあるときであり, 身体的に興奮していて理性的になれず, 他者の視点に立つなどということもできない場合です。ここに至っては, その子がキレた影響を"いかに最小限に抑えるのか"が, 私たちのすべきことになります。

まず，危機の時点のその場での対応について考え，次に，学校の指針がこれらの対応をどのように支え得るのかを述べます。そして，あらゆる選択肢が試みられても本当に安全が脅かされているときに最後の手段として使う，身体を使っての介入について述べます。そして最後に，暴力的な事件に巻きこまれた後の報告の重要性を見ていきたいと思います。

1．危機の場での対応

次のようなガイドラインが，危機が突発したときの対応として望まれます。

> その場ですべきこと

- 冷静さを失わない：あまりに冷静すぎても，その場の雰囲気にそぐわなければ，かえって好ましくないし，助けにもなりません。しかし，冷静に反応することは，とても重要です。理性は高く保ち，感情は低く抑えることを目指してください。
- はっきりした指示を，しっかりと話す：たとえば，「すぐやめて！」「それを置いて！」など。指示を強めるために壊れたレコード法（第8章⑯参照）を使う必要があるかもしれません。
- 語り続ける。
- （問題の）出口を見つけ，そこに向かう。
- 助けを求める。
- 助けに来てくれた子どもたちに声をかけて，その子たちを支えるとともに，冷静にさせる。
- 見ている子どもたちをその場から離れさせる。
- 危険があったら，子どもたちを避難させる。
- 武器になりそうなものをその場からなくす。
- 安全な距離を保つ：暴力をふるっている人とは，通常以上に空間をあける。
- その人がきっとすぐに平静になると信じて待つ。
- 2人の生徒のケンカであった場合には，観衆を去らせて，あまり攻撃的ではない方の子に，やめるように働きかけ，必要であれば他の教師も呼

ぶ。ホイッスルなどで大きな音を出すと、はっとさせて一瞬ケンカをとめるのには効果がある。

> **その場ですべきではないこと**

- 対立的な身構えをすること：面と向かうよりも、横に立つ方が対立的ではない。
- 長い時間、相手の目をにらみつけること。
- 対立的あるいは挑発的な言葉を用いること：たとえば、「子どもっぽいことはやめなさい」「何歳になったの？」など。
- 一度も身体を使わない沈静方法を試みていないのに、あるいは、誰かに明らかな危険があるわけでもないのに、身体を使って介入すること。

2．学校がもつべき指針

　コントロールのきかなくなった子どもの対応をしなくてはならない先生のための、はっきりした行動計画を伴った指針を、学校はもっているべきです。学校内で、それぞれの先生がばらばらの対応をしないためにも指針は必要なのです。危機的な出来事に際して先生が何をするべきなのかわかり、それらが準備してあると、不安やおぼつかなさに悩まずに、計画にそった対応をすればよいという自信がもてます。情緒面で問題のある生徒は、対応できるという自信を感じさせるおとなにいいかたちで反応します。子どもたちは、周囲の人にうまく対応してもらいたいと感じ、また、自分で自分に歯止めがきかなくなるのが怖いとわかる必要があるのです。おとなが自信をもっているほど、より早く、子どもは平静さを取り戻すのです。

　指針に含まれるべきは、次のようなものです。

① 他の先生から支援を得るための手続き。
② 誰が学級の子どもたちの対応をし、誰が落ちこんでいる子どものめんどうをみるのか、ということについての手引き：その争いごとにかかわっていなかった、その場に後からかけつけた先生の方が、生徒をしずめるのに適切かもしれません。担任の先生がその生徒と特によい関係をもてている場合は、

その担任にまかせた方がよいでしょう。
③ 個別指導計画：ひんぱんにキレる生徒については，怒りへの適切な対応法，適切な沈静法を教えることと，キレた場合の先生の対応を個別指導計画に入れておきます。
④ 後で役立つように，出来事を記録する方法。
⑤ いつ，どのように保護者を関与させるのか，についての合意。
⑥ いつ，どのように他の機関との連携をするのか，についての合意。
⑦ 地域の教育委員会とも相談した上での，身体を使っての介入のガイドライン。
⑧ いつ，どのように出来事の報告をするのか，についての合意：関与した人々が，発生した強い感情を解決し，身体的な興奮をしずめ，生徒との関係を再構築するようにする。
⑨ そのような出来事がまた起きないようにするには何ができるのかを，いつ，どのように話し合うのかについての合意。

　重要なのは，さまざまな状況を想定した適切な指針をつくるためにすべての先生が関与し，自信をもって対処するために対応の手順について練習する機会があることです。「キレる」ことを回避するための方策を皆でつくっていくことの重要性は，どれほど強調してもしすぎだということはありません。

3．身体を使っての介入

　身体を使っての介入は，最後の手段としてのみ使われるべきで，他の沈静化の手法はすべてうまくいかないとわかるまで使用すべきではありません。
　もしも身体を使っての介入が必要であると思われたならば，それは，明文化された指針に従ってなされるべきです。また，理想をいえば，先生の側がより望ましいと認められている方法についてすでに訓練されて身につけており，自信をもっているべきです。
　身体を使っての介入は，次のようになされるべきです。

　　・緊急事態のみに用いるべき：あなた自身かその子ども，あるいは他の誰かが本当に危険であるとみなされたとき，あるいは，学校の設備などが

ひどく壊れる可能性がある場合です。
・子どもの権利を侵害してはなりません：その子どもにさせたいことをさせるためだけであってはなりません。
・被害を予防するために必要な最小限度のものでなくてはなりません。
・いやな思いをさせるためや，罰として使ってはいけません。
・その子が我に返るように支えてあげるべきです。
・その子が何かに被害を与えないようにするべきです。
・その子がしずまるまでの使用に限定するべきです。
・肯定的な行動プログラムのかわりであってはなりません。
・何があったのか書き残しておくべきです。
・保護者にも状況を伝えて話し合っておくべきです。

　子どもへの身体を使っての介入は，自らの身体を危険にさらすものでもあり，それゆえに，介入しなかった場合に考えられる危険性の方がより大きい場合でなければ，介入してはなりません。身体を使っての介入の法的な側面は，学校全体で考慮されていなくてはなりません[☆8]。

　介入の計画が練られたら，特定の状況について介入か非介入かをうまく意志決定できるようにするための，「リスク分析」がなされるべきです。このようにすることで，おとなの統制と個人の権利とのあいだのバランスがうまく考慮されるでしょう[☆9]。

　前述のことは，自分の怒りのコントロールがうまくできなくて，何かの出来

事や脅かされたと感じたときに「キレて」自分をコントロールできなくなる子どものことに関連するものです。誰かがわざと誰かを攻撃しようとしているときの正当防衛の問題を論じているわけではありません。本書では，正当防衛の問題は視野に入れていません。

4．報告し合うこと

報告については，しばしば見落とされがちです。けれども，誰かが「キレた」ことにかかわった子どもの情緒を安定させ，改善するための方略を開発するためには，きわめて重要なことなのです。

誰にとっても，情緒の健康を保つには，短期的な方略と長期的な方略が必須です。短期的な方略には「キレた」ことによる精神的な傷つきから回復するための機会が含まれるべきです。危機の後には，かかわったすべての人が，精神的にも身体的にもくたくたになっています。その危機についておとなも子どもも話し合う機会とともに，身体的に沈静化するための機会が必要です。長期的な方略を開発するためには，爆発に至った出来事を理解し，これからは同様の爆発を避けられるような方法を考え，どういう対応が効果的だったのかを考慮し，私たちにコントロールできない問題を個人の問題としてではなくみんなの問題として考える必要もあります。その子どもとの関係を再構築する方法が考慮される必要があります。そして，おとなにも子どもにもある怒りや罪悪感などの除去できない感情を解決する必要があるのです。

　　　　　＊　　　＊　　　＊

　この章では，子どもたちの怒りが抑えのきかないものになってしまった危機的事態にどう対応するのかについて見てきました。これは，暴風サイクルの危機的段階についてのものです。酒などの刺激物のせいで，あるいは，精神医学的な問題によって抑えがきかなくなっている子どものことは論じていません。というのは，そのような子どもには，沈静化や計画づくりの一般的な原則が不適切であると言っているわけではなく，他の方略も一緒に使う必要があるだろうということです。飲酒や精神医学的な問題の場合には，その分野の専門家からの，その事例に則したアドバイスが必要です。

　　　　　　　危機の場での対応のためのチェックポイント

① あなたの学校の指針は，暴力的な事件が起きたときに，どのように対応するかをはっきり示してあるか点検しておく。
② 身体接触を伴う阻止や介入について，地元の教育委員会などにガイドラインがあるならば，それに精通しておくか，改良を加えるかしておく。
　・教育委員会にガイドラインがあるか。
　　（ある）→入手してありますか。─┬→（はい）そのまま自分の学校で使えるか。
　　　　　　　　　　　　　　　　　└→（いいえ）いつ入手できるか。
　　（ない）→どうしたらよいか。
③ 自分のからだとこころの健康を維持するために，自分がリラックスできる手法を身につけておく。
　・今使える手法には何があるか。
　・これから身につけたい手法にどんなものがあるか。

第10章 保護者の方へ
子どもの発達に即した対応のために

章のポイント
* 子どもがなぜ「キレる」のかを理解して対応することが重要です。
* 「キレる」理由や対応の仕方は，子どもの発達に即して考えましょう。
* 乳幼児の保護者のためのヒント
* 小学生の保護者のためのヒント
* 10代の子どもの保護者のためのヒント
* 子どもたちや学校の先生の声をよく聞きましょう

1.「キレる」子どもを理解して対応する

どんな家庭のどんな子でも，怒ることがあります。それは確かなのですが，あまり明らかになっていないことは，次のことです。

・なぜ，他の子よりもはるかに強い怒りを示す子がいるのか。
・どの程度の怒りが，問題になるのか。
・怒りには，どのように対応するのが最適なのか。

児童心理学者の意見を聞いてみましょう。たとえば，メラニー・クラインは，怒りを，通常の発達に欠くことのできないものであると見ています★14。乳幼児が嫌悪感や怒りを継続させているかどうかは，その子の基本的なニーズが満たされているかどうかにかかっているのです。

本書で示した立場では基本的に，怒りを，脅威を感じたときの生物としての反応に結びついた否定的な情動であると見てきました。怒りは「逃走」ではなく「闘争」の反応であると見ています。もしそうであるならば，乳児期，幼児期，児童期，青年期の各時期において，子どもたちが「攻撃された」とみなしそうなことは，さまざまでしょう。大切なのは，子どもたちが，攻撃されたとみ・な・す・かどうかということです。「みなし」ていることが，実際に起きていることと一致しているのかどうかは，ほとんど関係ないのです。それに加えて次のことを指摘しておくべきでしょう。子どもは，強い欲求にすぐ応じてくれない周囲の者に対し必死になって闘う必要がある，あるいは，その者は悪意の存在であると，みなすのです。その周囲の者，つまりは両親やきょうだいは，子どもが「自分のもの」と思うものを得ようとすることをじゃましては絶対にいけないようです。また，子どもがほしくもないものを与えてもいけないらしいのです。ですから，子どもはほんの小さな頃から，ことあるごとに，「支配」と「権力」の問題が欲求不満のもとになり，迫害されたとか，はじき出されたとかの感情をもったりします。それが，ときに怒りとなって現われるのです。

　心理的あるいは身体的な攻撃を受けたと感じたときに，闘わないで逃走する人もいることをご存じでしょう。なぜ，ある子は脅威を感じたときに不安を感じて逃げ去り，別の子は怒りを感じて立ち上がって反撃するのかについては，いくつもの理由づけがあります。逃走と闘争のどちらが主になるのかは，保護者というモデルによってどちらの方略が示されたのか，あるいは，どちらがより迅速に安心感を得られる方法であると思えるのか，ということに大きく依存しているようです。もちろん，怒りも，不安も，長い目で見れば本当に効果的な方略であるとはいえません。なぜならば，先々においては，どちらの感情も，

自分に価値をみとめ安心感を得るための助けにはならないからです。「言うは易く行なうは難し」なのですが，キレやすい子どもや青年にしないために最も効果的なのは，自分自身が"大切でかえがたい存在"であるという感覚をもたせることなのです。脅威と感じられるのは，実際は，この自尊心への攻撃とみなされるものなのです。怒り（や不安）の最も効果的な解毒剤は，偽りなく無理なく受けとめられる「自分は大事な愛される存在である」というメッセージなのです。自分に間違いなく価値があると感じられれば，怒ったり，意地悪したり，いやみを言ったり見下したり，嫌悪やうらやみを感じたりすることはありません。

2．子どもの成長による怒りの違い

　子どもが成長していくにつれて，どういうことで怒るのかは変化していきます。子どもの頃にはよしとされた感情表出も，おとなになってからは受け入れがたい場合もあります。2〜3歳の幼児であれば，手放しで怒ったりぐずったりするのが普通で，うまく対処する方略をもってほしいとは誰も思いません。ですから，小さい子であれば，抱きしめて，かんしゃくがおさまるのを待つということになるでしょう。けれども，14歳にもなる子が「勝手にさせて！」と幼児なみに抑制がきかなくなったら，その状況はきわめて憂うるべきものでしょう。その年齢ならば，ドアをバタンと閉めたり，ふくれ面で不機嫌になり，不平を言うのが通常でしょう。そうされると腹は立ちますが，それはきわめて普通の姿です。

乳児期～児童期を経て青年期に至る時期で見るべき変化の軸としては，どのくらいの「自己統制」が期待できるのか，があります。子どもが幼いほど，表出される感情はむき出しで，抑えられていないものです。生まれたばかりの赤ちゃんが何を「感じて」いるのかは，私たちには本当にはわかりませんが，母親はその感情を，赤ちゃんの動きのようすや，体調，泣き方，そして何より表情から「読みとり」ます。他者に本当の感情を伝える，言葉に頼らない信号の重要さは，生涯を通じて変わりません。しかし，もちろん私たちは，自分の内面を周囲の人や自分が把握するための道具として，きわめて洗練された"言語"を急激に発達させていきます。乳児期～幼児期にかけて，他の人への情緒的な反応がむき出しのまますぐに出されて止められてしまっていたのが，自己抑制の記号にとってかわられます。

　たとえば，2歳頃までには，しわの寄った眉や，唇をかむことなどに，否定的な情緒の抑制の試みをみてとることができます。これは，時間がたてばたんなる成熟の結果としてそうなるというものではなく，周囲の人々から学んだものなのです。社会的に受け入れられるかたちに切り替えることで情緒の表現を抑制することを学び，強い情緒に対処する方略を発達させるのです。

　3歳くらいになると，状況によっては，わざと本当の感情を隠せるようになり，大きくなるにつれて，その隠し方がうまくなります。怖くてどきどきしているときに勇ましそうな表情をしてみせたり，怒っているときに平静を装ったりすることが，だんだんとできるようになるのです。

3．乳幼児の保護者のためのヒント

　赤ちゃんの頃から幼児期にかけて，子どもはだんだん強くなる自分の感情をなんとかしないといけなくなります。この時期の子どもたちは，探索したり調べたり観察したり一緒に遊んだり新しい活動やアイディアを試そうとしたりして，どんどん伸びていきます。とはいえその年齢では，子どもにできないことをしたくても許してもらえないこともたくさんあります。そのために，子どもたちは困ったりイライラしたりします。それに加えて，おとなも「もうお姉ちゃんなんだ

から……」と言ってみたり，「まだ小さいんだから……」というように，子どもをおとな扱いしたり，赤ちゃん扱いしたりといった対応をします。そのおとなも，その不確かさを，威張ったりおとなの役目を持ち出したりしてごまかしたりします。

　怒りは，怖れ，悲しみ，欲求不満などを表現するためにもつかわれます。小さな子は，新しい状況や初めて会う人をこわがることがよくあります。そのような場合に，子どもの怒りがどうして生じているのかを私たちは理解しようとする必要があります。

　人は他の人から注目してもらいたいものですが，それは乳幼児であればなおさらです。ところが，赤ちゃんのときにはしっかりと見てもらっていても，よちよち歩きから幼児の頃になると1人で遊んでいることが望まれます。子どもたちは，さまざまな方法を用いて注意をひこうとします。おとなしくしていてもだめだったら，おとなをひきつけるための努力を続けます。また，おとなが小さな子と遊んであげることは，おとなのその子への関心と愛情を示すために重要です。遊びの主導権を子どもにもたせてやり，おとなはその子のやり方に従うことで，子どもは「自分が物事を決めている」という感覚を得られるのです。

　私たちおとなは，怒りの表現を，それぞれの仕方で身につけています。しかし，自分が子どもの怒りに対してどう感じるかは，自分が子どもの頃に怒りを表現して何が起こったのかということとおそらく関係しているでしょう。もしも自分が，強い感情の適切な表現の仕方を教わっていなかったとしたら，それを子どもにさせることもむずかしいでしょう。子どもたちは，自分の強い感情の表現をおとなに受けとめてほしいのです。そのことで，自分をこれからも大事にしてくれるということを表現してほしいのです。子どもたちは，言葉で教えられることよりもおとなの姿を見て学びます。おとな自身が強い感情をどのように表現しているのかを省みることが重要になります。

　また，小さな子どものいる家庭のストレスは高くなりがちです。赤ちゃんや幼児がいると，安全に気を使ったり子育てがうまくいかなくて落ちこんだりもします。ですから，そんなときおとなはできる限り誰かの手助けを得ることで，まず自分自身を大事にしていかないとやっていけません。通常の子育てだけでもたいへんなのに，そこに家族の病気や死別，経済的な問題や，家庭内の人間関係のいざこざなどが重なると，子育てなんて楽しめないというような取り残

された感じさえもちます。自分が問題をかかえているのに、ぐずる赤ちゃんをかわいがるなどということは、きわめてむずかしいことなのです。

（乳幼児の保護者に覚えておいてほしいこと）
- いやがられることをしないことが注目を集める最もよい方法であることを、子どもに教えましょう。
- 怒りの気持ちを表現するのは、普通のことです。子どもたちが、怒られても自分は愛され価値があると感じられるようにしてあげること。
- 子育ての時期には、親が自分自身を大事にすることも重要。

（乳幼児の保護者として望ましいこと）
- 子どもに他の適切な選択肢を示すこと。
- 日々の仕事や課題に、楽しめる要素を見つけること。
- 子どもが気に入らないだろうと思うことについても、正直に伝えること。
- どうしてほしいのかを、子どもにわかるように伝えること。
- 新しい状況に慣れる時間をつくること。
- 子どもが困難な状況にまだ対応できないのであれば、おとながきちんと対応すること。
- まず考える。差し迫った危険がないならば、対応を急ぎすぎないこと。
- 交渉できるようであったら、子どもと話し合うこと。
- あらかじめ、上手にはっきりと警告をしておくこと（たとえば、「あと30分で寝なさいね」）。
- おとなは声をおだやかにすること。
- 不要な争いは避けること。
- 一貫した対応をすること。

（考えてみましょう）
- おとなの怒りも、子どもの怒りも、自然なことです。
- 子どもはときに、自分が何をしているのか、わけがわからなかったりします。
- 子どもがどうして怒っているのかをわかろうとしましょう（むずかしいことですが）。

- 怒りの背景に，他の感情（怖れ，失望，欲求不満，悲しみなど）が隠れていることがあります。
- 子どもが怒ると，あなたはどのような感じを受けるでしょうか？
- ほぼ毎日，子どもとすごす時間がとれていますか？
- あなたの子どもは，どのようにしているときに注目を得ていますか？
- 家族のなかで，子どものしつけなどについて話し合いが行なわれていますか？
- 家族のなかの意見の不一致については，子どもの前で議論しないようにしましょう。

忘れないで……これらは子どもたちがもう少し大きくなってからの生活にも影響します。

4．小学生の保護者のためのヒント

　たいていの子どもたちは，成長するにつれて，自分のこころの動きにうまくつきあえるようになるものです。しかしながら，一部の子どもにとっては欲求不満に耐えたりすることがきわめて困難であったりします。それは，その子の性格や，学習した行動パターンや，ストレスや病気などといったさまざまな要因が重なってのことと思われます。

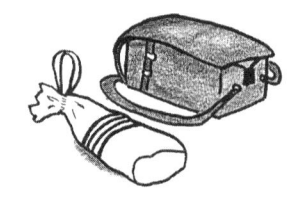

　子どもが大きくなるにつれ，子どもがもつ困難について話し合うのは容易になります。ですから「キレた」理由もだんだんつかみやすくなるでしょう。いつ誰に向かってキレたのか記録をつけていくことで，なぜキレてしまうのかを見つけることもできます。

　学校や家庭での学習によって，小学生はさまざまなスキルを獲得していきます。きょうだいや友だちとの関係のなかで，社会的スキルを学んでいきます。子どもたちが家族や友だちとの議論のなかでやりとりのスキルを学習していくことをうながし，早すぎる介入をしてしまわないことが重要です。そのような対応をすることで，子どもたちは「自分でなんとかできる」「自分の生活をう

まくやっていける」という感じを強めることができるのです。

　新しいスキルをより効果的に学べるようになる頃,「自分はもともとなんでもうまくやれる」などと, 子どもたちが思ってしまうこともあります。この段階では, うまくいかないことも大事な学習であり, その失敗が子どもたちの価値を損なうものではないことを学ばせることが重要です。

　欲求不満による行動は, なかなか待てない子どもによく見られます。子どもには個人差があり, あまり苦もなく待てるようになる子もいれば, 待つということを教えてあげないといけない子もいます。

　幼児だけではなく, 小学生も, 安心感と愛されているという感じをもてることが必要なことを忘れてはなりません。身辺は自立しているように見えて, また, 青年期のような困難には至っていないとしても, 自分たちのことを細やかに考えてほしいと思っているのです。一見したところと違いますが, 子どもたちは常におとなを負かしたいと思っているわけではありません。安心感を得るためには, 子どもが自分で自分を守れないと感じるときに, おとなが守ってくれることが重要なのです。子どもに断固とした態度をとれることは, 子どもへの親切でもあります。簡単に子どもに屈するようなおとなからは, 子どもは安心感や幸福感は得られません。また, おとなは, 子どもに対して, ルールをはっきりと示しておかなくてはなりません。私たちの言行が一致していることを, なるべく子どもに示す必要があります。子どもに日常的にかかわる主だったおとなたちが, ほぼ同様の対応をすることも, 子どもがルールを理解する助けになります。学校と家庭が連携して動けば, 子どもの行動はより変化していきやすいでしょう。また, そのようなときに子どもたちは, おとなたちはだいたい同じように考えるものだということを学んで, 自信と安心感をもてるようになるでしょう。

　子どもは成長しても, おとなを自分の行動のモデルにしています。ですから, 人との関係や物などを壊さないで怒りを表現する方法を, 落ち着いて自己主張をすることで子どもたちに示す機会はたくさんあります。子どもが「キレた」のを見て見ないふりをするのも１つの対応法ですが, それが好ましいのはそのことでなおさら怒りをエスカレートさせないと推測され, 安全な場合に限ります。また, 子どもがおとなしくしているときに, 十分に注目してあげることも重要です。しかしながら, それは意外とむずかしいことです。なぜなら, 私たちおとなは, 子どもたちがおとなしく遊んでいる, あるいは勉強をしていると

きには,「自分の仕事などができる！」と思うだけに終わってしまいがちだからです。けれども，そのようなときこそよい行動をみとめて，ほめたり抱きしめたりごほうびをあげたりするのは，後でよい結果に結びつくのです。

　たとえ罰が必要なときにも，タイミングよく，適切に，どの行動に対するものなのかを明示して，子どもが何で叱られたのかが理解できるようにしないといけません。大事なのは，罰の厳しさではなく，何がよくて何が悪いのかについて一貫していることです。また，"不適切なのはその子どもの行動"であり，"子ども自身が悪い"というわけではないことをはっきりさせて，子どもたちの自尊感情を傷つけないようにすることも重要です。

小学生の保護者として望ましいこと

- 安全ならば，子どものケンカは子ども自身に解決させましょう。ただし，耳はそばだてて。
- 子どももおとなも両方とも落ち着いてから，「キレた」ことについてゆっくり話し合いましょう。
- 欲求不満がたまるまえに，困っていることがあったら相談するように，子どもに伝えましょう。
- あまりひどくない怒りで，無視してもエスカレートせず安全ならば，無視しましょう。
- 子どもに，失敗しても大丈夫な余地を与え，その失敗から学ばせましょう。
- 子どもに待つことを学ばせましょう。
- 冷静沈着に。何かを壊してしまわない怒りの表現方法を見せてあげましょう。

考えてみましょう

- 子どものことをとやかく言うのではなく，あなたが気に入らない不適切な行動のことについてのみ話しましょう。
- 子どもの問題行動には，周囲が一貫した態度で対応しましょう。状況が変わっても一貫した対応をするために，学校と家庭とが連携しましょう。教師も，他の職員も，保護者も，一貫した言動と賞罰を提供するために，共同していく必要があります。

・ときには，不適切な行動を罰するよりも，よい行動を少しでもほめることがより効果的であることもあります。でも，それは，その不適切な行動がまだ無視し得る段階でのことです。罰する際にも，次のようなときはより効果的です。

　　——変えたいと思う行動と明らかに対応しているとき
　　——その出来事の直後であるとき
　　——一貫して行なわれるとき（ある研究によれば，罰は厳しさで効果をもつのではなく，不適切な行動に対していつも同じであることが必要なのです）。

　子どもとぶつかっているときに，批判や決めつけをしないでください。子どもに少し余分に時間を与えることで，子どもは自分が尊重されていると感じられ，情緒的に安心感をもつことができます。

5．10代の子どもの保護者のためのヒント

　子どもたちが青年になったと考えて，それに合わせておとなの行動を変えるというのは，なかなかむずかしいことです。青年はさまざまな葛藤のはざまにいます。学校での成績をよくしたいとか，おとなっぽいことをしたいとか，仲間とうまくやっていきたいとか，異性ともつきあいたいとか，いろいろな悩みがあります。青年が既存の「線引き」（何がよくて，何がよくないかなどの）に反抗したいというのは，自然なことです。なぜなら，青年は，自分自身のことを自分で決めていきたいのですから。しかしながら，その青年も気持ちのつながりを大事にしたいのであり，それゆえに，自分たちにとってなじみの環境，つまり学校や家庭において安心感を得られることが重要なのです。

　青年のむずかしい状況を，外的および内的な葛藤に焦点を当てて説明することはできますが，だからといって，青年の不適切な行動を大目に見てよいということではありません。おとなが青年の行動にした「線引き」は，青年たちの

安全のためにも必要なのです。しかしながら，青年たちが自律へと向かい，自分たちで「線引き」も行なうようになる，というのも重要なのです。ですから，おとなと青年が交渉したり妥協したりすることも，重要なことなのです。

　青年は「公平さ」にこだわります。ですから，おとなの言っていることが一貫していることや，なんらかの「線引き」をしたことについておとなと青年が対話できることが，大事になってくるのです。この時期の青年は，集団への「所属」の感覚が重要です。友だちのグループの中にいることも大事ですが，家庭にも居場所があることを必要としています。

　ともすると，10代の子どもたちは家族よりも友だちの方が大切であるかのような印象があります。しかしそれは，親離れの葛藤の過程がそのように外から見えるだけであって，親からの気持ちの面での支えや助言をまだ必要としているのです。この段階では，家庭の中で愛され，めんどうをみてもらえることをわかっていることも，青年には大事なことなのです。

　それから，10代の子どもは，どうしたらおとなが怒ったり動揺したりするのかよくわかっています。それにまんまとはまって動揺して感情的になったりしたら，冷静に考えて問題を解決することは，さらに困難になってしまいます。怒っても問題は解決しないし，関係も改善されないばかりか，余分に叱ってしまったりするのです。青年は，おとなとの交渉を経験したりおとなをモデルにしたりして，葛藤の解決の仕方を学ぶのです。

　10代の子どもたちとの生活には，困難とストレスがつきものです。でもそのときに，私たちは子離れをして，自分たち自身の生活を取り戻さないといけないのです。親にとっては，それは簡単な過程ではありません。ですから，もしも親が子どもにとってのよいモデルになり，子どもたちに上手な怒りの表現法を学ばせたいのであれば，親たちは，自分たちのことも大事にしないといけないのです。

10代の子どもの保護者として望ましいこと

- 子どもの見方や考え方に耳を傾けましょう。
- その子どもの考え方に同意できなくても，それを尊重しましょう。
- おとなの考え方を説明するときには，おだやかに話しましょう。
- ルールや賞罰の基準を明示しましょう。
- 「線引き」をはっきり示しましょう。

・どうしてそういうルールにしたのか，説明しましょう。
・もしも可能で，かつ深刻な対立にならないならば，ルールについて話し合いましょう。しかし，話し合いの余地がないときには，それをはっきり示しましょう。
・どちらかが屈服するかたちではない解決を目指しましょう。
・お互いに冷静になってから議論をしましょう。
・怒ってしつけることはやめましょう。
・実行できもしない約束や脅しはやめましょう。
・規則は，きちんと一貫させて適用しましょう。

考えてみましょう

・たとえ，子どもの怒りがあなたに向けられていたとしても，なんらかの対応が求められているのだと考え，個人的な感情を持ちこまない方がよいでしょう。対立は，2人の間にあるのではなくて，子どもとなんらかの権威のあいだにあるのです。
・人間関係における対立の原因の多くは，コミュニケーション不足です。意図や動機を誤解してしまって，よくない反応をしてしまうのです。子どもたちの考えを私たちが理解していたのかどうか，そして，子どもたちが私たちの考えを理解していたのかどうか，検討してみる必要がありそうです。
・よく知っている間柄ですと，相手がこちらの考えや気持ちをわかってくれているだろうと考えてしまいがちです。ですから，時にははっきりと意思表明をして，相手がこちらの意図をわかっているべきであるという思いこみをしないようにする必要があります。
・キレる子の背景に，いじめ，宿題，仲間とのトラブルなど，特別なストレス要因がないかどうか確認することも重要です。
・青年は，議論をそらすのが得意です。最初に問題にしていたこととまったく別の議論にもっていかれることもあります。そのような際には「壊れたレコード」法が有効です。

　　「出かける前に，部屋をかたづけてね」
　　「昨日かたづけたよ」
　　「出かける前に，部屋をかたづけてね」

「聞いてないよ……お姉ちゃんの部屋のかたづけなんて……」
「出かける前に，あなたの部屋をかたづけてね，ってあなたに頼んでいるの」

　私たちは，ついつい関係ないことの議論にひっぱられてしまいがちです。けれども，あなたが辛抱強く適切に主張を続けるならば，たいていの子は，いやいやながらでもそれに応えてくれます。

・子どもが強い感情を上手に表現できるようになったら，おとなになってもそれは役立つことでしょう。

6．怒りについて，子どもたちや先生の声を聞く

①子どもたちはなんと言っているでしょうか

　英国の３つの学校の子どもたちにたずねてみました。次のような子どもの回答を読むと，子どもたちがどんなことを考えているのか，直感的にわかる部分もあります。

Q１：どんなときに「キレ」そうになりますか？

「誰かに，けられたときさ」
「ほかの女の子に，かげでこそこそ言われたとき」
「友だちが遊んでくれないとき」
「サッカーやってて，誰もぼくにパスしてくれないとき」
「算数の問題がとけないとき」
「時間がかかるとき」
「どうしても」
「誰かがケガさせられたとき」
「食べ物も無い子たちのことを考えるとき」
「食べ物が無いとき」
「両親がきょうだいのえこひいきするとき」
「みんなが，まだ赤ちゃんの弟ばっかりかわいがるんだ」
「何もすることがないとき」
「ほかの誰かがキレているとき」
「あいつがムカつくから」
「母親がほかの学校行けっていうからさ」
「うちのおばはんが，おまえはクズだって言うからだよ」
「とうさんが，おもちゃを放って捨てるからさ」
「友だちが，おれにはできないって言うとき」

「コート着ろって，おかあさんがうるさいとき」
「男の子がイチゴとか投げてきて，なにも仕返しできないとき」
「男の子たちが木に登って，私の家をのぞくのよ」
「おれの昼飯にさわるやつがいるんだ」
「サッカーやってるとき，おれのこと殴るやつもいる」
「友だちがいやなこと言われてるとき」
「勝手にゲームに入ってくるヤツがいるとき」
「おかんが怒鳴るとき」
「テレビを観せてもらえないとき」
「ちっちゃな妹がちらかして，私が片づけなくちゃいけないとき」
「弟がおもちゃをとったり，妹がぼくのベッドを使ったり，弟がけったり，
　のぼってきたり，ぼくのもってるものをだめにしたり……」
「誰かがやなことしたとき」
「なんかできないとか，なんかやんなきゃいけないときとか」
「やめさせられたり，欲しいものをもらえなかったりしたとき」
「怒ったとき」
「いじめられたとき」

Q2：家であなたが「キレた」ときに，どうなりますか？

「たたかれる」
「ベルトでぶたれる」
「早く寝させられる」
「おこづかい，ぼっしゅう」
「おもちゃをとりあげられちゃう」
「ママにどなられる」
「お留守番」
「何もしてくれなくなる」
「まともに相手をしてくれなくなる」
「いいのよ。そのうちお父さんのとこに行くから」
「ママかパパかおばあちゃんに言う。なぐるかな。あと，わめく」
「パパのせなかをたたくわ」
「テーブルとかけっとばす」
「ドアを蹴破ってやりたい」
「怒らせた人に怒鳴る」
「気分よくなるまで歩き回るわ」
「ちょっかい出したやつを無視してどっか行く」
「部屋にこもって，お母さんとは話さない」
「悪口言って，泥を投げる」
「大声出すこともあるよ」
「別の友だちと遊ぶさ」

「食べないで，部屋にこもる」

Q3：学校であなたが「キレた」ときに，どうなりますか？

「先生に言う」（学校でどなったり，なぐったりすると，危ないし，叱られる）
「誰かをなぐる」
「とんがって，汚ねえ言葉使うよ」
「誰ともしゃべらない」
「叱られる」
「居残りさ」
「立たされるかな」
「停学」
「何もしない」
「歯ぎしりする。わめき叫ぶ。足ばたばたさせて，泣く」

Q4：どうやって，「キレ」ないようにしますか？

「10数えるかな」
「深呼吸」
「走る」
「わめく」
「下品になんない言葉でなにか言う」
「どっかで静かにしてる」
「待つかな」
「校長のとこに行く」
「水飲む」
「ハッピーになれること考える」
「横になって休む」
「ひとりで遊ぶ。気が晴れたら戻る」
「ママにあやまって，言うことをきく」
「お母さんに話す」
「静かに座ってる」
「寝る」
「買い物に行く（忘れるように）。遊べるとこに行く（大きな滑り台とか）。お菓子食べる」
「なんで怒っているのか，誰かに言う（聞いてもらえないかもしれないけど）」

2 先生たちはなんと言っているでしょうか

　子どもたちにしたのと同じ質問を，「キレる」子への対応についての研修に参加している先生方に，導入としてたずねてみました。
　回答は下記のとおりです。（あなたなら，どのように回答しますか？）

第Ⅲ部　子ども・学校・保護者が変わってゆくために　　105

Q1：学校では，どんなときに「キレ」そうになりますか？

「短い期限でやるように言われたとき。生徒じゃなくて，同僚にどなられたとき」
「無視する子ども。なんも考えてない教師」
「時間がなくてイライラ。指示があれこれ変わるとき」
「生徒が機器の操作を間違ったとき。無礼で生意気な生徒」
「自分の分担の仕事をしないやつ。期限を守らないやつ。批判ばかりのやつ」
「書類が遅れてるとき。机がちらかってるって，文句言われるとき」
「人を侮辱するやつ。先生や学校ややっている仕事を小馬鹿にする生徒」
「人の話をよく聞かない人。聞く前に決めつけてる人。頼んだことをやらない人」
「こっちが頼んでるのに，平気で断る生徒。傲慢。ののしったり，無理難題言う生徒。努力しない。やろうともしない」
「わざと議論をふっかける生徒。必要ないような仕事を投げてくる同僚」
「強制すべきではない規則の押しつけ。一貫性の欠如」
「がっくりさせるヤツ。授業に必要な本とか，宿題とか，持ってこない生徒。期限に間に合わせるように仕事をしない同僚。あほくさ」
「生徒がわざとからんでくること」
「いらない圧力を受けること。融通のきかない運営のために，自分の能力が発揮できないこと」
「前に一度やったことを，一からまたやらされること」

Q2：家で，どんなときに「キレ」そうになりますか？

「棚にあたまをぶつけたときとか」
「考えてもらえないとき」
「やるべきことをする時間が無いとき。約束を守ってもらえないとき」
「つれあいが，家事を手伝ってくれないとき」
「家族が不機嫌なとき」
「出かけるときに，家族や友だちが遅れたときに，特に，いやになる」
「お湯とか，暖房とかが調子悪いとき。食べ物が残っていないとき」
「私の都合もきかないで，私がやるってことになってるとき。私の時間を奪っていく！」
「あほくさくて。みんなでつるんで私にからんでくる。誰が私を一番怒らせるかとか競ってるし。同居人が部屋を汚して散らかして，私に掃除しろっていうし。私は週末以外は忙しくて友だちとつきあってるひまないのに，わかってくれないし……。自分の時間がほしい」
「下手な運転手（ときどき）。多くないけど」
「私の仕事がたいへんだってこと，わかってくれないから」
「夫が，家事を公平に分担してくれない」
「あんまり怒らない。やらなくちゃならないことがいっぱいあると，いら

つくけど。家族のことで時間がとられるとキレるかも」
「子どもが言うことをきかないとき。電気製品がこわれたとき」
「息子が夕食のお皿を床においたままで，まる一日あとも放ってたとき」

Q3：あなたが「キレた」ときに，どうなりますか？

「特に，何も……」
「頑固に黙る」
「何を変えられるかを分析して，変えるわ。話し合って，可能なら妥協する。どうしようもないことは，肩をすくめて受け入れるわ」
「いっぱい叫びたくなる」
「学校で，生徒に対しては，静かな壊れたレコードになる。同僚に対しては，落ち着いて，よく聴く。職場の外では，爆発する。家では，説明しようとして，だめなら叫んで，そのあとは，復讐を計画する」
「怒りをおさえようとする。気が張りつめて，イライラする。変なときに怒りが爆発しちゃって，あまり関係ない人に悪いことしたなってことになる」
「冷静沈着になって熟考する。あまりにひどかったら，叫ぶ」
「その場に流される傾向があるかな。周囲にいる人に，どんな気持ちか身振りと言葉で訴える。よけい泥沼になったりする」
「怒鳴って，やった生徒を見つけて，そんな行動は容赦できないと告げる。生徒を教室から出す（ひどいときには）。家では，辛辣なことを言う―個人攻撃もする―もっとひどいと完全に激怒して，声がしゃがれるまでわめいて，ぽこぽこにたたく（あまりないけど）。ドアを力一杯閉める，とか。物を投げる」
「怒鳴るときもある。体が硬くなる」
「どなっちゃうかな」
「声がうわずる」
「職場では，子どもを叱る（命令とか，居残りとか）か，適切な罰を与える。我を忘れてしまうわけにはいかない。家では，怒鳴る」
「怒鳴って，たたく」
「いつもは，冷静に，歩み去る。挑発されたら，皮肉で返す」

Q4：どうやって，あなた自身が「キレ」ないようにしますか？

「個人的に親しい人に話して，ガス抜きをする。ためこまない。合理的に考える。よく考えると，そんなことで怒るのはバカげているとわかる」
「抑圧する。場合によっては，怒りをおさめるために，ほかの人の立場にたってみる」
「考える」
「それを子どもたちに言っちゃいけないよな，って頭の中でつぶやく。ストレスが少ないほど，怒らない」
「まず，からだを動かさないで，待って，深呼吸。なぜかを考え，誰かに話し，泳いで，赤ワインを飲む」
「あたまの中で考えて言葉にしようとする。理由とか。自分を落ち着かせるのは，ときには逆効果に

第Ⅲ部　子ども・学校・保護者が変わってゆくために

　なる。家では，走りに行くか，ジムに行く」

「その場にいなかった第三者に話す」

「落ち着こうとする（できないけど）。状況から距離をとってみようとする（これもできないけど）」

「職場：役割演技にはいって，状況を対象化して，声をおさえて，深呼吸して，私をイライラさせていることをやっている人に理性的に話す。家：私を悩ませるその場を離れる。ウォーキングかランニングに行く」

「運動して緊張をゆるめる。こじれさせないためには，どうしたらいいのかを考える。状況をよく考える。犬の散歩に行く」

「ゆったりする。ペースをおとす」

「深呼吸して，軽く舌をかむ」

「職場：ちょっとその場からひいて，クラス全体を見る。しばらく，いらだちの元を無視。家庭：よく考える，落ち着く，やりなおす」

「落ち着いて，何が本当に問題なのかを考える時間を意識的にとる」

「わざとおどけて，子どもたちを笑わせる。おとなに対しては，自分が正しかったとしても，謝る」

Q5：どうやって，子どもたちが「キレ」ないようにしますか？

「赤ちゃんを寝台のなかに入れて，5分くらい静かに話しかけます。大きな子には，落ち着くように，外で遊ばせます。彼らからは距離をとります。後で話をします。冗談を言ったりもします」

「確固たる態度で臨みます」

「語って，理を説いて，静かにさせて，語り合います」

「頭を冷やせと，外に出します。どこかで勉強をさせます。ほかの先生のところに行かせます」

「聴きます。対立せずに。しずまるように。交渉します。時間かせぎをします。野次馬を追い払って，現実的な解決を提案して，信頼関係を築きます」

「話してくれるようにうながします。生徒を好きなだけ怒らせます。これは，家庭訪問の際にできることです。十分な時間と場所を与えます」

「なぜ怒っているのかをたずねます。頭を冷やす時間を与えます」

「その場から引き離します。落ち着かせます」

「声をおさえて，相手も落ち着かせて，深呼吸させて，なぜそんなに事態がこんがらがったのかを，わかるように話させます。可能ならば，その場にいた子に，個別に対応します」

「ソフトな語り口だけれども，断固とした姿勢で，事態の沈静化をはかる」

「職場：落ち着くための場所と時間を与えて，それから話し合う。家庭：不平のもとを聞き出す」

「聴く。怒りがおさまるまで時間を費やす」

「話をする。ゆっくりと，静かに話させるようにする。冷静に話せるように。彼らの自己中心的な見方を変えようと試みる」

訳者による読書案内

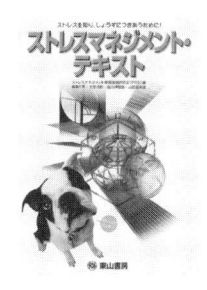

相川　充　著
『人づきあいの技術——社会的スキルの心理学』
　　　　　　　　　サイエンス社　2000年発刊　本体価格1650円

　「社会的スキルへの批判とそれへの反論」のなかに，他者に教育的にかかわる限り生じる責任を回避せず，かといって踏み込みすぎないための厳しい自己調整の姿勢を感じます。その人間尊重と責任感の態度をまず学びたいと思います。

渡辺弥生　編
『VLFによる思いやり育成プログラム』
　　　　　　　　　図書文化社　2001年発刊　本体価格2400円

　役割取得能力の発達理論に根ざし，自分を活かし，他者を大切にする心，対人葛藤を解決する力を育むためのプログラムの実践的展開のヒントがつまっています。子どもの日常と未来のためだけではなく，おとなたちも共に学びたい内容です。

大野太郎・高元伊智郎・山田冨美雄　編
『ストレスマネジメント・テキスト』
　　　　　　　　　東山書房　2002年発刊　本体価格2800円

　わかっているようでわかっていないストレスについて知り，よりよい対処ができるようにするための理論，対処法，自覚のためのワークシートなどが満載の本です。心だけではなく，からだもほぐして，気分爽快，何かが変わります。

宮下一博・大野　久　編著
『キレる青少年の心　発達臨床心理学的考察』
　　　　　　　　　北大路書房　2002年発刊　本体価格1800円

　「キレる」という流行語によって表現される問題に，子どもの発達，非行への対処，生理学的理解，等々の多彩な観点からの執筆陣の識見を総合して迫る本です。特に，社会問題化した少年事件に関する論考が興味深く，問題の闇の深さをつきつけてきます。

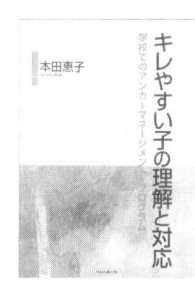

本田恵子 著
『キレやすい子の理解と対応——学校でのアンガーマネジメント・プログラム』
　　　　　　　　　　　ほんの森出版　2002年発刊　本体価格1800円

　学校でアンガーマネジメントを行なっていく教師のために，わかりやすく説明し，使いやすいかたちで教材を提供しています。本書が英国の本をもとにしたものなのに対して，この本は，主に米国での実践に学び，著者の日本での教師としての経験に即して展開しています。

今泉　博 著
『崩壊クラスの再建——新しい荒れをらく〜に克服する方法』
　　　　　　　　　　　学陽書房　1998年発刊　本体価格1500円

　いわゆる「崩壊」したクラスを，たてなおした実践の機微を紹介。いじめや暴言がある荒れたクラスにも，それがいやでも声に出せない子がいます。その声を匿名の紙上討論によって表に出す取り組みと，子どもたちの自尊感情をはぐくむ授業でのことばかけが見事です。

原著の注

☆1　"Concise Oxford Dictionary"での定義です。
☆2　"Oxford Dictionary"での定義です。
☆3　和訳は，ダニエル・ゴールマン著・土屋京子訳　『EQ——こころの知能指数』1996年　講談社
☆4　英国では，毎年約13000人もの生徒が放校されています。もしも実際に放校されなかったとしても，情緒行動傷害（EBD）に伴う特別な教育的ニーズについての公式のアセスメントを受けることになるでしょう。それは，インクリュージョンの指針が現在のところうまくいっていない領域なのです。特別支援教育の提供に関する幅広い問題とかかわりを持たなくても，通常の学校に残ったら他の子たちの脅威になるという理由で養護学校に行かなければならない子どもは，明らかに不利益を被ります。他の子たちが学習できる幅広いカリキュラムや，通常の行動のモデルに欠けるということで損をするのです。
☆5　養護学校への措置はもっと高価で，挑戦的な行動をするキレる子どもたちのために，ときに最もお金がかかります。1人の子どものために年間5万ポンド（約900万円）かかることもまれではありません。
☆6　Rational Emotive Therapy（Albert Ellisが創始者）。

☆7 このような教師のための訓練は，よく「教育的治療」と呼ばれ，25年前から利用可能だったのですが，英国ではロンドンのタヴィストック・クリニックなどの限られた施設に行かなければなりませんでした。
☆8 法的な側面についての利用しやすい手引きは，リオン★15の "Legal Issues" です。
☆9 身体を使っての介入についてのより詳細な手引きはハリスら★16の "Physical Interventions : A Policy Framework" です。

引用文献

★1　Feindler, E. L. and Ecton, R. B. (1986)*Adolescent Anger Control, Cognitive Behavioural Techniques*. New York : Pergamon Press.
★2　Bowlby, J. (1978) *Attachment and Loss*. Harmondsworth : Penguin.
★3　Beck, A. T. (1988) *Love is Never Enough*. New York : Harper & Row.
★4　Ellis, A. (1994) *Reason and Emotion in Psychotherapy*, 2 nd edn. New York : Birch Lane Press.
★5　Dodge, K. A. (1986)'A social information processing model of social competence in children', in Perlmutter, M.(ed.), *Cognitive Perspectives on Chidren's Social and Behavioural Development*, (77-133). Hillsdale, NJ : Lawrence Erlbaum.
★6　Potter-Effron, R. (1994) *Angry All the Time : An Emergency Guide to Anger Control*. Oakland, USA : New Harbinger Publications.
★7　Patterson, G.(1986)'Performance models for anti-social boys', *American Psychologist*, 41, 432-44.
★8　Gardner, H. (1993) *Multiple Intelligences : The Theory in practice*. New York : Basic Books.
★9　LeDoux, J. (1994) 'Emotion, memory and the brain', Scientific American, 270 (6), 50—7.
★10　Breakwell, G. M. (1997) *Coping with Aggressive Behaviour*. Leicester : British Psychological Society.
★11　Glasser, W. (1986) *Control Theory in the Classroom*. New York : Harper & Row.
★12　Maslow. A. H. (1968) *Towards a Psychology of Being*. New York : Van Nostrand.
★13　Shapiro, L. E. (1994) *The Anger Control Tool Kit*. Pennsylvania : The Center for Applied Psychology.
★14　Segal, J. (1992) *Melanie Klein*. London : Sage Publication.
★15　Lyon, C. M. (1994) *Legal Issues*. London : Mental Health Foundation.
★16　Harris et al. (1997) *Physical Interventions : A Policy Framework*. Kidderminster : British Institute of Learning Disabilities (BILD).

付録

「怒り」に対処するためのワークシート

▶ワークシート・もくじ◀

▶子どもが使用するワークシート

WS-C 1	怒りの日誌	113
WS-C 2	どんなことで「キレる」のか？	121
WS-C 3	怒りの温度計	122
WS-C 4	出来事をどのようにとらえるのか？	124
WS-C 5	キレそうなとき，どんなふうに感じる？	126
WS-C 6	自分で使えそうな，平静を保つテクニック	127
WS-C 7	解決法を見い出す(1)	129
WS-C 8	解決法を見い出す(2)	130
WS-C 9	行動計画	131
WS-C10	「私は……メッセージ」	134

▶おとなが使用するワークシート

WS-A 1	怒りの日誌	114
WS-A 2	行動のようすの記録（児童用）	115
WS-A 3	行動のようすの記録（生徒用）	116
WS-A 4	怒りをどのように表現しているか？	117
WS-A 5	怒りへの反応がもたらす悪影響	119
WS-A 6	子どもの怒りの兆候とその対応	128
WS-A 7	学校での指針づくりチェックリスト	135

この付録の活用の仕方（訳者からの提案）

この付録は，次のような構成をとっています。
1．自分を知り，子どもの状況をよく認識するために
2．状況への介入のために
　2—1　「キレる」きっかけ
　2—2　どのように受けとめるのか
　2—3　平静を保つためにどうするか
　2—4　解決の方法から行動計画へ
3．よりよい行動をうながし，子どもの環境を整備するために

いずれのシートも，本書を熟読し，その目的をおさえていただければ，**目の前の子どもたちに適するように変えることも十分可能**と思われます。また，すべてのワークシートを実施しないといけないわけではありません。かといって，自分だけで判断するのがむずかしい場合には，どのように実施したらよいのかを相談できる仲間をつくり，話し合い，協力しながら実施をするとよいでしょう。

前ページの「もくじ」に示されているように，ワークシートは「子ども使用」「おとな使用」両方があります。ただし，おとなは，「子ども使用」全シートについて，自身のケースで実際に記入してみることをおすすめします。おとなであっても，「怒り」の管理はけっして簡単なことではないことを実感していただけるはずです。この経験が，おとな自らの姿勢を見直すことや，子どもとの共同の重要性をとらえるのに役立つであろうことを確信します。

ワークシートですが，原著者自らがコピー複製して使用してもらうことを望んでいます。通常このようなシートの複製使用は，原著者・訳者・出版者の許諾が必要となるのが常識ですが，本書のワークシートについては，自由にご使用いただいてかまいません。ご使用につごうのよいサイズに拡大などしてご利用ください（本書の1ページはA5判ですが，A4判での使用を想定していますので，141％の拡大が最適でしょう）。

1　自分を知り，子どもの状況をよく認識するために

まず，おとなが「怒り」について自らのことを知ることが重要です。したがって「怒りの日誌」（WS-A1）について実際に実施してみることが必要です。また，子どもについて，「行動のようすの記録」（WS-A2，WS-A3）を利用して，できるだけ事実をとらえていくようにします。できるだけ複数の記入者を設定して取り組むのがよいでしょう。

「怒りの日誌」（WS-C1）は，子ども自身にふり返りをさせるためのものです。これらは，このまま用いてもよいのですが，より使いやすいかたちのものを作っていただいてもよいと思います。

また，おとなが自ら「怒りをどのように表現しているか？」（WS-A4）をチェックするシートもありますので，使用して点検してください。このシートは，うまく工夫すれば，子ども用としても使用が可能でしょう。

「怒りへの反応がもたらす悪影響」（WS-A5）は，キレてしまうことを少しも反省・後悔していない子どもと，このままでよいのかどうか話し合うきっかけに使えるでしょう。自分がキレたときの行動を冷静なときには後悔している子どもには，あえて使う必要はないでしょう。

WorkSheet C1　怒りの日誌

名前 _____

この1週間「キレ」ないですごせたでしょうか？

＊学校ではどうでしたか？

月曜日	キレてしまった	キレそうになった	ムカついた	なんともなかった
火曜日	キレてしまった	キレそうになった	ムカついた	なんともなかった
水曜日	キレてしまった	キレそうになった	ムカついた	なんともなかった
木曜日	キレてしまった	キレそうになった	ムカついた	なんともなかった
金曜日	キレてしまった	キレそうになった	ムカついた	なんともなかった

＊家ではどうでしたか？

月曜日	キレてしまった	キレそうになった	ムカついた	なんともなかった
火曜日	キレてしまった	キレそうになった	ムカついた	なんともなかった
水曜日	キレてしまった	キレそうになった	ムカついた	なんともなかった
木曜日	キレてしまった	キレそうになった	ムカついた	なんともなかった
金曜日	キレてしまった	キレそうになった	ムカついた	なんともなかった
土曜日	キレてしまった	キレそうになった	ムカついた	なんともなかった
日曜日	キレてしまった	キレそうになった	ムカついた	なんともなかった

＊学校や家以外ではどうでしたか？（塾(じゅく)とか，公園とか）

月曜日	キレてしまった	キレそうになった	ムカついた	なんともなかった
火曜日	キレてしまった	キレそうになった	ムカついた	なんともなかった
水曜日	キレてしまった	キレそうになった	ムカついた	なんともなかった
木曜日	キレてしまった	キレそうになった	ムカついた	なんともなかった
金曜日	キレてしまった	キレそうになった	ムカついた	なんともなかった
土曜日	キレてしまった	キレそうになった	ムカついた	なんともなかった
日曜日	キレてしまった	キレそうになった	ムカついた	なんともなかった

・周囲から見たらなんでもなかった日に，一生懸命に「キレない」ように努力していたかもしれませんね。

Faupel, A., Herrick, E. & Sharp, P.／戸田有一／北大路書房

Work Sheet A1 　怒りの日誌

記入者　_____　（　教師　　保護者　）

この1週間「キレ」ないで対応できたでしょうか？

＊学校（あるいは職場など）では？

月曜日	キレてしまった	キレそうになった	ムカついた	なんともなかった
火曜日	キレてしまった	キレそうになった	ムカついた	なんともなかった
水曜日	キレてしまった	キレそうになった	ムカついた	なんともなかった
木曜日	キレてしまった	キレそうになった	ムカついた	なんともなかった
金曜日	キレてしまった	キレそうになった	ムカついた	なんともなかった

＊家庭では？

月曜日	キレてしまった	キレそうになった	ムカついた	なんともなかった
火曜日	キレてしまった	キレそうになった	ムカついた	なんともなかった
水曜日	キレてしまった	キレそうになった	ムカついた	なんともなかった
木曜日	キレてしまった	キレそうになった	ムカついた	なんともなかった
金曜日	キレてしまった	キレそうになった	ムカついた	なんともなかった
土曜日	キレてしまった	キレそうになった	ムカついた	なんともなかった
日曜日	キレてしまった	キレそうになった	ムカついた	なんともなかった

＊学校（あるいは職場など）や家庭以外の場所では？（外出先とか，旅行先とか）

月曜日	キレてしまった	キレそうになった	ムカついた	なんともなかった
火曜日	キレてしまった	キレそうになった	ムカついた	なんともなかった
水曜日	キレてしまった	キレそうになった	ムカついた	なんともなかった
木曜日	キレてしまった	キレそうになった	ムカついた	なんともなかった
金曜日	キレてしまった	キレそうになった	ムカついた	なんともなかった
土曜日	キレてしまった	キレそうになった	ムカついた	なんともなかった
日曜日	キレてしまった	キレそうになった	ムカついた	なんともなかった

Faupel, A., Herrick, E. & Sharp, P.／戸田有一／北大路書房

Work Sheet A2　行動のようすの記録（児童用）

学校名 ＿＿＿＿＿＿＿＿　　クラス（　　　）
　　　　　　　　　　　　出席番号（　　）　児童名 ＿＿＿＿＿＿＿＿

児童の日頃のようすにあてはまると思われるところに○をつけてください。
また，何か重要なことがあったら，メモしておいてください。

① 楽しそうに学校に来る　　　　　　　　　いつも　たいてい　ときどき　けっしてない
② クラスでは静かにしている　　　　　　　いつも　たいてい　ときどき　けっしてない
③ 何人かの友だちと，自然な感じで一緒にいる　いつも　たいてい　ときどき　けっしてない
④ クラスの日課に沿って行動する　　　　　いつも　たいてい　ときどき　けっしてない
⑤ 教師の指示を受け入れる　　　　　　　　いつも　たいてい　ときどき　けっしてない
⑥ 他の子が活動の中心になるのを受け入れる　いつも　たいてい　ときどき　けっしてない
⑦ 他の子にとって，いい仲間のようである　いつも　たいてい　ときどき　けっしてない
⑧ 少なくとも一人の親友がいる　　　　　　いつも　たいてい　ときどき　けっしてない
⑨ 友だちと仲良く遊んでいる　　　　　　　いつも　たいてい　ときどき　けっしてない
⑩ がっかりすることがあっても，うまく対応する　いつも　たいてい　ときどき　けっしてない
⑪ 自信があるようにみえる　　　　　　　　いつも　たいてい　ときどき　けっしてない
⑫ 居心地よく過ごしている感じがする　　　いつも　たいてい　ときどき　けっしてない
⑬ 必要なときには，ちゃんと集中する　　　いつも　たいてい　ときどき　けっしてない
⑭ ちょっかいを出されても，怒りを抑えられる　いつも　たいてい　ときどき　けっしてない
⑮ 自分の行動をしっかり見つめ直せる　　　いつも　たいてい　ときどき　けっしてない
⑯ 失敗からも学べる　　　　　　　　　　　いつも　たいてい　ときどき　けっしてない
⑰ 行儀よく，整理整頓ができている　　　　いつも　たいてい　ときどき　けっしてない
⑱ 自分を傷つける　　　　　　　　　　　　いつも　たいてい　ときどき　けっしてない
⑲ 他の子を困らせる　　　　　　　　　　　いつも　たいてい　ときどき　けっしてない
⑳ 他の子を傷つける　　　　　　　　　　　いつも　たいてい　ときどき　けっしてない

［大事に思えること］

　　記入者 ＿＿＿＿＿＿＿＿　　記入日　　　年　　月　　日

・この記録は，上記記録者の主観だけに基づくものであって，他の教師等から見た場合には，違った
　記録になる可能性があります。
・記入後，この記録が本当に事実を反映したものであるのか，記入者自ら確認する必要があります。

Faupel, A., Herrick, E. & Sharp, P.／戸田有一／北大路書房

WorkSheet A3 行動のようすの記録（生徒用）

学校名 _____　クラス（　　）　出席番号（　　）　生徒名 _____

生徒の日頃のようすにあてはまると思われるところに○をつけてください。
また，何か重要なことがあったら，メモしておいてください。

①	問題なく学校に来る	いつも	たいてい	ときどき	けっしてない
②	クラスに，自然に入りこんでいる	いつも	たいてい	ときどき	けっしてない
③	グループに，自然に入りこんでいる	いつも	たいてい	ときどき	けっしてない
④	クラスの日課に沿って行動する	いつも	たいてい	ときどき	けっしてない
⑤	教師の指示を受け入れる	いつも	たいてい	ときどき	けっしてない
⑥	他の子が活動の中心になるのを受け入れる	いつも	たいてい	ときどき	けっしてない
⑦	他の子にとって，いい仲間のようである	いつも	たいてい	ときどき	けっしてない
⑧	少なくとも一人の親友がいる	いつも	たいてい	ときどき	けっしてない
⑨	友だちといい関係をつくっている	いつも	たいてい	ときどき	けっしてない
⑩	がっかりすることがあっても，うまく対応する	いつも	たいてい	ときどき	けっしてない
⑪	自信があるようにみえる	いつも	たいてい	ときどき	けっしてない
⑫	居心地よく過ごしている感じがする	いつも	たいてい	ときどき	けっしてない
⑬	必要なときには，ちゃんと集中する	いつも	たいてい	ときどき	けっしてない
⑭	ちょっかいを出されても，怒りを抑えられる	いつも	たいてい	ときどき	けっしてない
⑮	自分の行動をしっかり見つめ直せる	いつも	たいてい	ときどき	けっしてない
⑯	失敗からも学べる	いつも	たいてい	ときどき	けっしてない
⑰	行儀よく，整理整頓ができている	いつも	たいてい	ときどき	けっしてない
⑱	自分を傷つける	いつも	たいてい	ときどき	けっしてない
⑲	他の子を困らせる	いつも	たいてい	ときどき	けっしてない
⑳	他の子を傷つける	いつも	たいてい	ときどき	けっしてない

［大事に思えること］
_____
_____

記入者 _____　記入日　　年　　月　　日

・この記録は，上記記録者の主観だけに基づくものであって，他の教師等から見た場合には，違った記録になる可能性があります。
・記入後，この記録が本当に事実を反映したものであるのか，記入者自ら確認する必要があります。

Faupel, A., Herrick, E. & Sharp, P.／戸田有一／北大路書房

WorkSheet A4 　怒りをどのように表現しているか？

あなたは，どうやって怒りを表現しているでしょうか？
怒っているときに，私は・・・(あてはまる□のなかに1つ選んで✓印をつけてください)

	いつもする	ときどきする	あまりしない	まったくしない
① すごく冷静になり，冷たい態度をとる	□	□	□	□
② 大声で叫ぶ	□	□	□	□
③ 泣く	□	□	□	□
④ わけがわからなくなる	□	□	□	□
⑤ ひどい言葉をつかう	□	□	□	□
⑥ 暴力をつかう	□	□	□	□
⑦ 無視するが，害のない何かにやつあたりする	□	□	□	□
⑧ その場から歩み去る	□	□	□	□
⑨ 物を壊す	□	□	□	□
⑩ 気持ちが冷静になるのを待つ	□	□	□	□

Faupel, A., Herrick, E. & Sharp, P.／戸田有一／北大路書房

では，今回答したあなたの答えと同じ位置の数字に○をつけて写してください。

	いつもする	ときどきする	あまりしない	まったくしない
① すごく冷静になり，冷たい態度をとる	1	2	3	4
② 大声で叫ぶ	4	3	2	1
③ 泣く	1	2	3	4
④ わけがわからなくなる	4	3	2	1
⑤ ひどい言葉をつかう	4	3	2	1
⑥ 暴力をつかう	4	3	2	1
⑦ 無視するが，害のない何かにやつあたりする	1	2	3	4
⑧ その場から歩み去る	1	2	3	4
⑨ 物を壊す	4	3	2	1
⑩ 気持ちが冷静になるのを待つ	1	2	3	4

✓印を入れた位置の数字を合計してください。
31～40：あなたの怒りは，コントロールを失っていて，「キレて」いる状態です。
20～30：あなたの怒りのスタイルは，バランスがとれているといえるでしょう。
10～19：あなたの怒りは抑えすぎかもしれません。でも，どこかでその感情は出てきてしまいます。いつか「キレて」しまうかも。抑えてばかりでは，いつも満たされない気持ちです。

　この尺度は，たくさんの方の回答から標準化したものではありませんので，解釈には十分な注意が必要です。

Faupel, A., Herrick, E. & Sharp, P.／戸田有一／北大路書房

WorkSheet A5 　怒りへの反応がもたらす悪影響

　子どもたちにとっては，怒りへの反応が問題を起こすということがわかりにくいのです。そこで「怒りのパイ」の8つの部分について，怒りがどのくらい損失になるのかを，考えてもらいます。
　パイのいちばん中心が0点で，怒りがこの部分には何の損害も与えない場合に，0点とします。パイの最も外側の部分は10点で，怒りによってこの部分がとってもひどい損害を受ける場合に10点とします。その点をつないで，そのでこぼこから，どこが被害を受けるのかを，考えてみましょう。

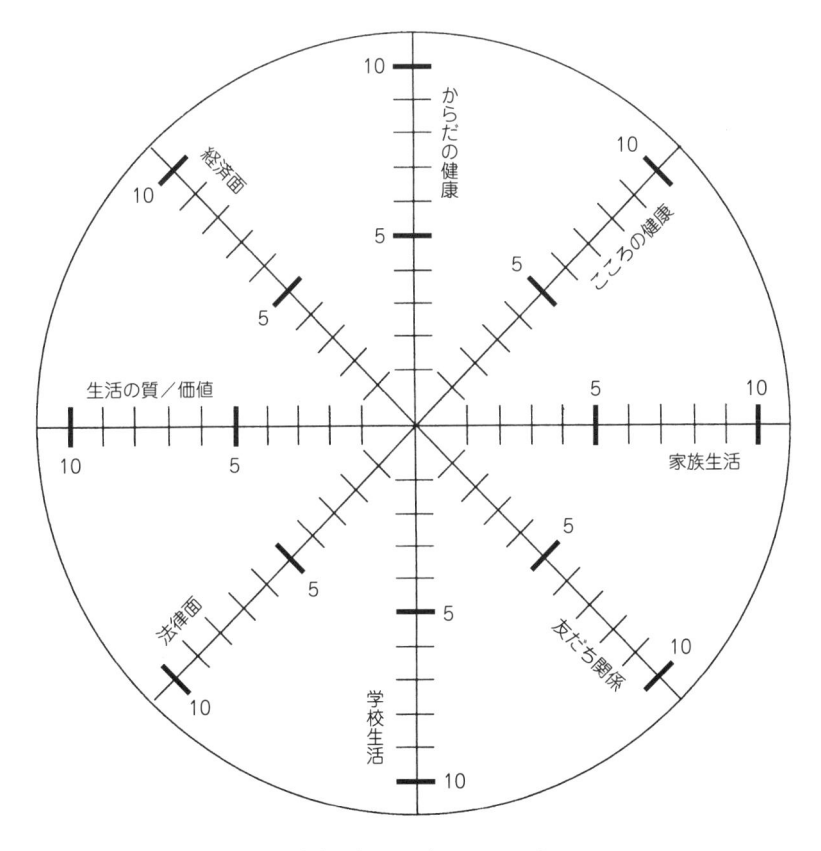

（怒りのパイ図：からだの健康／こころの健康／家族生活／友だち関係／学校生活／法律面／生活の質／価値／経済面）

＊おとなが，子どものことについて考えて記入してもよいでしょう。
＊子どもと対話をするための道具として，おとなと子どもが1対1で使ってもよいでしょう。
＊この図式の記入は，怒りのもたらすダメージを確認するためのものです。

Faupel, A., Herrick, E. & Sharp, P.／戸田有一／北大路書房

2 状況への介入のために

2-1 「キレる」きっかけ

ダイナマイトの喩えのところでは，マッチを，誰かが「キレる」のを点火するひきがねにみたてました。暴風サイクルも，ひきがねの段階から始まります。「キレない」ようにうまく対処するためには，まず，このひきがねが何なのかをわかっておかなくてはなりません。

ひきがねとは，次のことにとっての脅威とみなされる出来事です。

- 人や持ち物
- アイデンティティや自尊心
- 要求が満たされつつあること

ひきがねが何であるのかわかったら，3つの対処が可能です。

- ひきがねを避けること。
- ひきがねについての見方を変えること。
- 落ち着かせるテクニックを使って，興奮を静めること。

ここでのワークシートは，次の内容に対応しています。

① 何によって私は「キレて」しまうのか？ ……………WS-C2，WS-C3
② 私はそのとき，どう受けとめているのか？ …………WS-C4
③ 私はそのとき，どんなふうに感じているのか？ ……WS-C5
④ 自分で使えそうな平静を保つテクニック……………WS-C6

これらのワークシートを，子どもたちに記入させていくことで，自分自身が「キレる」きっかけがわかるようになったり，そのきっかけについて今までと違うとらえ方ができるようになったり，落ち着いて対応するための方法を考えたりするための手助けになるでしょう。

ここでのワークシートは，「怒りの日誌」(WS-A1) とうまく組み合わせて用いることができるとよいでしょう。

WorkSheet C2　どんなことで「キレる」のか？

次に書いてあるのは，だれかを怒らせてしまうような場面のリストです。

そんなことがあったら，自分は必ず「キレて」しまう！と思ったら…………………………◎
そんなことがあったら，自分は「キレて」しまうかな？と思ったら……………………………○
そんなことがあったら，自分は少し「ムカつく」かな？と思ったら………………………………△
そんなことがあっても，自分は「ムカつく」ことはない，だいじょうぶと思ったら……………OK
それぞれ（　）の中に記入してください。

( ) かげぐちを言われたとき　　　　　( ) どなられたとき
( ) 勉強や宿題ができないとき　　　　( ) だれかにゲームのじゃまをされたとき
( ) だれかがケガをさせられたとき　　( ) やりたいことを禁止されたとき
( ) だれも遊んでくれないとき　　　　( ) だれかが自分よりも注目されたとき
( ) だれかにずるいことをされたとき　( ) だれかにいやな呼ばれ方をしたとき

( ) 大事な試合に負けそうなとき　　　( ) 自分ばっかりがしかられたとき
( ) 家族の悪口を言われたとき　　　　( ) 持ち物がこわれたとき
( ) 自分の友だちがいじめられたとき　( ) 持ち物をぬすまれたとき
( ) だれかにうそつきと言われたとき　( ) 集中したいのにまわりがやかましいとき
( ) だれかに背中を押されたとき　　　( ) やりたくないことをしなくてはならないとき

( ) 友だちのいるところで叱られたとき
( ) 何かのじゃまをされたとき
( ) 自分に順番がまわってこないとき
( ) 他の人が怒っているとき
( ) 自分の話を聞いてもらえないとき
( ) 自分のことがわかってもらえないとき

他に，何かムカついたりキレそうになる原因がありますか？

(1) _____

(2) _____

(3) _____

(4) _____

Faupel, A., Herrick, E. & Sharp, P.／戸田有一／北大路書房

Work Sheet C3　怒りの温度計

1週間ほど、日記または記録をつけて、自分がどういうことで怒ってしまうのかを明らかにしましょう。

どんなことで怒るのかな？

- キレる
- キレそうになる
- ムカつく
- 平静（ふだんの落ち着き）
- 冷静

Faupel, A., Herrick, E. & Sharp, P.／戸田有一／北大路書房

2−2 どのように受けとめるのか

「キレて」しまわないためには，WS−C2やWS−C3でまとめられたような怒りのひきがねを避けるのが賢明なのですが，いつも避けられるわけではありません。ですから，避けられないときに，そのひきがねにどのように対処するのかを考える必要があります。

それには，ひきがねの受けとめ方を変えるのが，1つの方法です。

受けとめ方を変えると，どんな行動をしたらいいのか選ぶための余裕（長い導火線）をもてることになります。

WS−C4に，いろいろな出来事が示されています。

そこにあるような出来事が起きたと考えて，キレてしまう場合には，その出来事をどのように受けとめているのかを，記入してみることは，自分の受けとめ方を理解するのに役立ちます。

それから，そのような出来事が起こってもムカつくことがなく，キレない場合の，その出来事の受けとめ方を考えてみることが有用です。このことについて，友人やおとなと相談して書かせてみるのがいいかもしれません。それぞれの受けとめ方を記入しておくようにします。

下に2つ例を書いておきますので，参考にしてください（子どもが例示だけで書けるか書けないかは，実施者が適宜判断してください）。

例1：運動場で，誰かがあなたの背中を押したとき。

A＜キレるときのとらえ方＞　　　B＜ムカつかないときのとらえ方＞
［回答例］　　　　　　　　　　　［回答例］
(1)そいつにケンカをうられた。　 (1)その子はよろけたのだろう。
(2)私にケガをさせようとした。　 (2)誰かに命令されてやったのかも。

例2：あなたがどうして遅刻したのか話しているのに，先生が聞いてくれない。

A＜キレるときのとらえ方＞　　　B＜ムカつかないときのとらえ方＞

［回答例］　　　　　　　　　　　［回答例］
(1)私のことなんか，どうでもいいのね。 (1)別のことで頭がいっぱいなのかも。
(2)信じてくれないんだ。　　　　 (2)話すタイミングが悪かったかも。
　　　　　　　　　　　　　　　　(3)説明がわかりにくいのかも。

WorkSheet C4　出来事をどのようにとらえるのか？

ひきがね1：親友があなたと話をしてくれない。
　　A＜キレるときのとらえ方＞　　　　　B＜ムカつかないときのとらえ方＞

ひきがね2：だれかが，あなたのお気に入りのシャープペンを机からとっていった。
　　A＜キレるときのとらえ方＞　　　　　B＜ムカつかないときのとらえ方＞

ひきがね3：宿題を忘れて，先生にしかられた。
　　A＜キレるときのとらえ方＞　　　　　B＜ムカつかないときのとらえ方＞

ひきがね4：だれかにどなられた。
　　A＜キレるときのとらえ方＞　　　　　B＜ムカつかないときのとらえ方＞

ひきがね5：友だちに「うそつき！」と言われた。
　　A＜キレるときのとらえ方＞　　　　　B＜ムカつかないときのとらえ方＞

ひきがね6：あなたはバスケットボールがじょうずなのに，選手に選ばれなかった。
　　A＜キレるときのとらえ方＞　　　　　B＜ムカつかないときのとらえ方＞

ひきがね7：知らない子たちが，あなたがその前を通ったときに，あなたをバカにした。
　　A＜キレるときのとらえ方＞　　　　　B＜ムカつかないときのとらえ方＞

最近あった「ムカついたこと」について考えてみてください。
そのことについての受けとめ方を変えられますか？

Faupel, A., Herrick, E. & Sharp, P.／戸田有一／北大路書房

2－3　平静を保つためにどうするか

　自分の感情・考え・行動を自覚できるほど，自分の怒りがふつふつとわいてくるのが自分でもわかるようになり，早いうちに対処ができます。

　ただし，子どもたちに「キレない」ためのよりよい方法を教えている途中では，子どもたちがひきがねを避けることができなくて，別の受けとめ方にもまだ慣れていない段階があります。

　そのようなときには，子どもたちはどうしたらいいでしょうか。このような段階では，なるべく「キレて」しまわないように，気持ちを落ち着かせる方法を子ども自身が見つけられることが重要です。

　"ダイナマイトの喩え"で言いますと，WS-C2とWS-C3は，導火線に火がつくおそれのあるものを見つけるためのものです。それからWS-C4は，導火線を長くするためものです（ひきがねへの反応の仕方を考え直す時間をつくってくれるのです）。

　そして，ここからのワークシート（WS-C5とWS-C6）は，子どもたちが自分の強い感情を自覚して，その気持ちが静まるような手だてをとれるようにするためのものです。導火線を湿らせて，爆発の危険を抑えるのです。

　WS-C5は，自分の怒りの感情が起こってくるときの，からだの感覚を自覚するためのものです。どの時点から，気持ちの抑えがきかなくなるのかも，よりわかりやすくなると思います。

　WS-C6は，そのような時に，どのようにしたらいい感じで平静でいられるのかを考える手助けとなることでしょう。

Work Sheet C5 ― キレそうなとき，どんなふうに感じる？

ムカついて，キレそうっていうときには，どんな感じになりますか？
あなたの場合にあてはまるものに，○をつけてください。

(　) からだが熱くなる

(　) 手のひらが汗ばむ

(　) じっとしていられなくなる

(　) 口の中がかわく

(　) 手がにぎりこぶしになる

(　) からだ全体が緊張する

(　) 心臓がすごく早く動く

(　) 息が速くなる

(　) わけがわからなくなる

その他に，キレそうなときにあなたはどうなるのか，3つ記入してください。

(1) _____

(2) _____

(3) _____

Faupel, A., Herrick, E. & Sharp, P.／戸田有一／北大路書房

WorkSheet C6 　自分で使えそうな,平静を保つテクニック

次のリストは,キレてしまいそうになるときに,気持ちを平静に保つのに使えるテクニックです。①～⑬から,あなたが平静を保つために使えると思うものを3つ選んで,数字に○をしてください。

① その場から静かに立ち去る。

② ゆっくり10まで数える。

③ 「落ち着いて,落ち着いて」と声に出さないで言う。

④ 心のなかで,ことわざ(たとえば,「弱い犬はよくほえる」など)を言う。

⑤ どこか別のすてきな場所にいるつもりになる。

⑥ 自分のまわりに見えないバリアか壁があると想像する。

⑦ 亀になって甲羅にこもり,外で起こっていることを無視する。

⑧ 軽い運動をする(走る,サッカーをする,バスケットボールをする,など)。

⑨ お気に入りの場所へ行く。

⑩ 一緒にいると安心する人のところに行く。

⑪ 音楽を聴く。

⑫ ゆっくりと深呼吸をする。

⑬ 固くなった筋肉をほぐす。

あなたが自分で考えた方法や,すでに試した方法はありますか?

Faupel, A., Herrick, E. & Sharp, P.／戸田有一／北大路書房

WorkSheet A6 　子どもの怒りの兆候とその対応

あなたがよく知っている子どもについて（必要ならば，日頃気をつけて見ておいて），その子どもの怒りが生じてくるときの，初期の兆候を3つあげてください。

(1) _____

(2) _____

(3) _____

その子の怒りの初期の兆候が出てきたときに，どのような対応をしたら，怒りの導火線の火を消すことができそうなのか，3つあげてください。

(1) _____

(2) _____

(3) _____

あなたの試みとその結果を記録しておいてください。

Faupel, A., Herrick, E. & Sharp, P.／戸田有一／北大路書房

2 - 4　解決の方法から行動計画へ

さて，これで，子どもたちに「問題の解決→行動計画」に向けて必要な事項，私たちおとなが検討しておくべきこと」についての準備が整ったことになります。あとは「解決法を見い出す」（WS-C 7，WS-C 8），「行動計画」（WS-C 9）のワークシートで，即効薬を期待しない，ゆっくりとした着実な取り組みをめざしていきます。

WorkSheet C7　解決法を見い出す(1)

あなたがキレてしまったかなと思う,最近の出来事を思い出してみてください。
その出来事について,次の質問に答えてください。

＊何がひきがねでしたか？　　　　　　　　（　　　　　　　　　　　）
＊そのひきがねについて,どう受けとめましたか？（　　　　　　　　　）
＊平静を保つために,あなたは何をしましたか？（　　　　　　　　　）

　その際のあなたの反応について,あなた自身は,どのように思いますか？
　まったくだめな反応だったならば1に,完全に良い反応であったとしたら10に,そのあいだであれば,あてはまる数字に○をつけてください。

まったく　　　　　　　　　　　　　　　　　　　　　　　　完全に
良くない反応　　　　　　　　　　　　　　　　　　　　　　良い反応
　　1　　　2　　　3　　　4　　　5　　　6　　　7　　　8　　　9　　　10

　1に○をつけた場合,あなたは自分をきびしく見る,たいへん反省の深い人のように思います。
自分の友だちが同じ反応をした場合にも,1でしょうか？　よく考えてみてください。
　1以外に○をつけた場合,あなたは,自分の反応に良かったところもあったと思えているのだと思います。それはどんな点でしょうか。自分の良かったところを,3つ書けますか。3つでなくても,1つだけでもいいです。

(1) _____
(2) _____
(3) _____

　あなたのこの評価を,次は1つだけ上げる（たとえば,今が3なら次は4,今が6なら次は7）には,すでにある良い点を伸ばしたり,新しいことをしたりするのがよいでしょう。
　あなたは,今のところからもう一歩,自分をもっとほめてあげるために,どんなことをしようと思いますか？

(1) _____
(2) _____
(3) _____

　最初から完全にできなくてもいいのです。
　自分をもう少しほめてあげられるように,少しだけ変わることができれば,十分です。
それでもうまくできそうになかったら,信用できるおとなに相談してみてください。

Faupel, A., Herrick, E. & Sharp, P.／戸田有一／北大路書房

Work Sheet C8　解決法を見い出す(2)

変わろうとしても，思うようには変わらないこともあります。
どうして変わることがむずかしいのでしょう。その理由を，考えて書いてみましょう。

自分が変わることがむずかしいのは，……

　　　　　　　　　　　　　　　　　　　　　　　　　　　　……だからだと思う。

では，どうしたら，そうならずに変われるでしょうか？
たぶん，……

　　　　　　　　　　　　　　　　　……することで，そのようにならずに変われると思う。

そのようなときに，誰があなたの助けになってくれるでしょうか？

　おそらく，(1) ＿＿＿＿＿＿＿＿＿＿
　　　　　　(2) ＿＿＿＿＿＿＿＿＿＿
　　　　　　(3) ＿＿＿＿＿＿＿＿＿＿　が助けになってくれると思う。

さて，今あなたは，ワークシートC7とこのシートで，

① 自分の行動について，1から10のあいだで評価しました。
② 自分がすでにうまくやれていることを自覚しました。
③ 自分のことをもう1点だけ多くほめてあげられるために何をするのか決めました。
④ そして，そのことをするにあたって，何がそのじゃまをするのか考えました。
⑤ そのじゃまになることをどのように避けるのか，だれがその助けになってくれるのか，考えました。

これであなたは，自分がすぐにムカついたり，キレたりしてしまわないようにするための準備ができました。

Faupel, A., Herrick, E. & Sharp, P.／戸田有一／北大路書房

Work Sheet C-9　行動計画

もしもまた，自分がムカついたり，キレたりするとしたら，そのときのひきがねはきっと，
(1) --
(2) --
(3) --
　　　　　……だと思います。でも，私は，次のようなことをして，そのひきがねを避けます。
(1) --
(2) --
(3) --
自分がムカついて「キレ」そうなときには，自分がどうなるのか，私はわかります。
そのようなときに，私は，次のようになります。

でも，そんな時にでも，次のようなことをして，私は平静を保とうとします。

もしもひきがねを避けることができなかったならば，違うとらえ方をしてみます。
次のように考えたいと思います。

以前の私なら，次のようなことをしてしまっていたでしょう。
　　大声を出す　　けとばす　　物を投げる　　いやなことを言う　　物を壊す
　　ケンカする　　その他（　　　　　　　　　　　　　　　　）
でも，今の私ならば，次のような行動をするでしょう。
　歩み去ります　　　特別の場所に行きます　　話を聞いてくれる人を探します
　何か運動をします　10まで数えます　　　　その他（　　　　　　　　　　）
そして，次のようにして，自分の行動を変えるのをじゃまするものを避けます。

上の計画をうまく実行するのを助けてくれそうなのは，次の人たちです。
(1) ----------------------　(2) ----------------------　(3) ----------------------
記入者 _____　　記入日　　　年　　月　　日

Faupel, A., Herrick, E. & Sharp, P.／戸田有一／北大路書房

3 よりよい行動をうながし，子どもの環境を整備するために

　WS-C2～WS-C9は，「キレて」しまうことでの問題を避けるために必要な，問題の理解や解決の方法を，子どもたちがつくっていくことを援助するためのものでした。

　ここでは，怒りを抑えるだけで終わるのではなく，それを受け入れてもらえるかたちで表現できるような，「私は……メッセージ」について学びます。つまり，怒りをいかにうまく表現するのか，ということです。その怒りの表現によって，私たちは何かを学び，何かを変えることができます。うまく怒りを表現するのには，他の人の感情や視点を大事にしていなくてはなりません。たとえそれが，自分の感情や視点と異なっていても，です。そうすれば，怒りの表現が対立をうまく解決し，人々のあいだのやりとりをよりよいものにし得るのです。このように誤解が解消していくことによって，関係が深まっていくのです。

　　怒りを表現するときに重要なのは，次のようなことです。

［すべきこと］
・まず，自分が冷静になる。
・相手の見方が自分の見方と違っていても，それを尊重する。
・自分の感情をはっきりと示す。
・新しい解決の仕方を提案する。

［すべきではないこと］
・誰かを非難すること。
・誰かをおとしめること。
・対立的になること。
・起こったことをおおげさに言う（たとえば「いつもあなたは……」などと非難する）こと。

　感情について話をするには，次のことがらをそれぞれ分離して話すようにすることが有益です。

(A)　ことの発端になった行動。
(B)　その行動による影響。
(C)　その結果として起こった感情。
(D)　望まれる解決。

　分離して話してみることというのは，たとえば，次のページで示すように，(A)～(D)を分けて話すということです。

［生徒用］
(A) 行動は？　　　私は，……宿題をしなかったことで先生に叱られた。
(B) どうなった？　私は，……放課後に居残りさせられた。
(C) 気持ちは？　　私は，……いつも自分ばっかりと思ってムカついた。
(D) どうしたい？　私は，……まず，あなたと，このことについて話がしたい。

［教師用］
(A) 行動は？　　　私は，……生徒に怒鳴られた。
(B) どうなった？　私は，……授業を中断させられた。
(C) 気持ちは？　　私は，……いらいらして，怒りっぽくなった。
(D) どうしたい？　私は，……生徒に「黙って手を挙げてほしい」と言いたい。

　以上は「私は……メッセージ」というものです。これらは自分のことを言っているのであって，誰かを責めているのではありません。
　さらに，有益な「私は……メッセージ」と，逆効果の「あなたは……メッセージ」の違いは次のようなものです。例を示してみましょう。

［教師の場合］
　「あなたは……メッセージ」：「あなたはいつも遅刻しますね。どうして時間どおりに来られないの？何回言ってもわからないのね」
　「私は……メッセージ」：「遅刻する人がいると，私は，授業を中断したり，同じことを繰り返したりしなくてはいけないの。私は，それがいやだし，がっかりするの。あとで，どうしたらいいか，話し合えるかしら」

［生徒の場合］
　「あなたは……メッセージ」：「＊＊君は，いつもぼくと遊んでくれないじゃないか。ひどいよ。おまえのお兄ちゃんも嫌いだ！」
　「私は……メッセージ」：「誰も遊んでくれないと，ぼくは何もすることがなくて，つまんないんだ。一緒にできるゲームとか無い？」
　「あなたは……メッセージ」と「私は……メッセージ」の違いをよく理解いただけたことでしょう。

　WS-C10を実施する前に，「怒りを表現するときに重要なこと」「感情について話すときに重要なこと」を，子どもたちとよく話し合ってください。
　最後のWS-A7は，学校全体として，どのような対応策が整えられているのかを確認するためのものです。これについては，あえて日本の学校用としての改変を手控えています。英国の学校に即したものを，あくまで参考にして，ご自身の学校などの対応策について考えていただければ幸いです。

Work Sheet C10 「私は……メッセージ」

次のような場面では，どんな「私は……メッセージ」を使ったらいいでしょうか？

① 悪口を言われたときには……

② だれかが「借りるよ」って言わずにゲームなどを持って行ったら……

③ 遊んでいるとき，ゲームをじゃまされたら……

④ 並んでいるときに，後ろから押されたら……

⑤ うそをつかれたら……

⑥ 自分の宿題を勝手に写されたら……

⑦ 先生にどなられたら……

⑧ 手をあげているのに，先生に気づいてもらえなかったら……

⑨ からかわれたら……

⑩ 理由もなしに「とにかくこれをしなさい」と言いつけられたら……

「私は……メッセージ」は，子どもだけではなく，教師や親にとっても重要です！

Faupel, A., Herrick, E. & Sharp, P.／戸田有一／北大路書房

Work Sheet A7　学校での指針づくりチェックリスト

学校で「よい行動をみとめる」指針をつくる際には，次のことを考慮する必要があります。

① 誰が指針作成に貢献してくれますか？（いくつでも）
　　教師　　管理職　　保護者　　生徒　　その他（　　　　　　　　）
② 学校について
　　目標は？＿＿＿＿＿＿何を重んじていますか？＿＿＿＿＿気風は？＿＿＿＿＿＿
③ 誰の行動についての指針でしょうか？（いくつでも）
　　生徒　　教師　　保護者　　職員　　訪問者
④ 学校の規則は？
　　明文化されていないがある　　　　明文化されているが知られていない
　　明文化されてよく知られている
⑤ これまでは，よい行動はどのようにみとめられていたでしょうか？（いくつでも）
　　保護者への伝達　　賞讃の言葉　　賞の授与　　式典での表彰
⑥ これまでは，よくない行動はどのように扱われていたでしょうか？（いくつでも）
　　保護者への伝達　　成り行きまかせ　　処罰　　記録に残す
⑦ どうやって処罰を用いるのかについて，明示された基準はありますか？
　　居残りさせる場合は？　　　　課題を課す場合は？
　　保護者が呼ばれる場合は？　　停学になる場合は？
⑧ いじめへの対処はどうですか？
　　対応マニュアルはありますか？　　いじめっ子への適切な対処は？
　　保護者との連携は？
⑨ 子どもたちの自律性の発揮は，どのように促されていますか？
　　（　　　　　　　　　　　　　　　　　　　　　　　　　　　）
⑩ 自尊感情は，どのようにして培われていますか？（いくつでも）
　　ほめる言葉かけ　　なんらかの賞の授与　　教育プログラムを用いて　　観察などを通して
⑪ 教職員は，どのような支援を受けていますか？（いくつでも）
　　研修　　仲間の支え　　上司のアドバイス　　外部の機関や専門家
⑫ 学校の指針においては，次のようなことについて公平な配慮がなされていますか？
　　年齢　　性別　　母語の違い　　特別な教育ニーズ
⑬ 指針は，どのようにして評価されていますか？
　　外部評価　　内部での話し合いによる改訂　　　　研修

　上の質問に答えることによって，各学校は，学校での対応指針の長所や短所が明らかになるでしょう。そのうえで，よりよいものにしていくことができるでしょう。

Faupel, A., Herrick, E. & Sharp, P.／戸田有一／北大路書房

『子どもをキレさせない おとなが逆ギレしない 対処法』
索　引

あ行
アドレナリン　25-26
安全な基地　14
怒り（anger）
　──と非行の関係　29
　──の温度計　68
　──の初期の兆候　52
　──の生理学的変化　24
　──をひきおこす原因　32
　効果のある──（effective anger）　i , 23, 34
　問題のある──（problem anger）　i , 23, 34
怒りの定義　3
怒りの本書での見方　3 - 4
怒りをとめる技法（スキルを身につけさせる手法）
　・積極的な無視　70
　・つぶやき法と自己沈静法　71
　・行動変容　72
　・対立の解決　74
　・よい行動を教える　75
　・仲間による仲裁　76
　・治療的な喩え（いやしのお話）　78
　・社会的なスキル・トレーニング　79
　・怒りの解消法　80
怒りを抑制する方策（導火線の火を消す手法）
　・気を紛らわす　54
　・居場所を変える　54
　・違うことをする　54
　・身体的な接近　55
　・ユーモアを使う　55
　・傾聴　55
　・リラクセーション　55
一次的（な）情緒　3 , 32
一貫性　46
ABC モデル　11
エリス，A.　17
大荒れの天気の喩え　6

か行
ガードナー，H.　78
教師の権威　11
競争　46
協同による規律　44
キレる　i
逆ギレ　ii , 27
クライン，M.　90
グラッサー，H.　67
傾聴のスキル　60, 63
言語的メッセージ　36
交互作用論　32
高次の要求　68
行動主義　10
行動障害　26
個人の怒りのパイ　23
子どもの発達の生態学的モデル　40, 41
コーピング（coping）　14
コンフリクト・リゾリューション　77

さ行
自己実現　68
持続性　46
自尊感情　32
自分らしさの感覚　32
社会的スキル　20, 44, 80
社会的スキル・トレーニング（SST）　12, 80
出席停止措置　29
情緒的困難　3
初期経験　32
信念システム　32
信念の質　16
心理学の多元的なアプローチ
　・行動主義からの見方　10
　・精神力動的な見方　12, 33

・認知主義からの見方　15
　　　認知行動主義　15
　　　情報処理モデル　18
ストレス　13
生物学的な素質　33
相互物語法　78

た行

耐性レベル　26
ダイナマイトの喩え　5，16，32，49，67
対立　46
挑発　58
低次の要求　68
転移　13
投影　13
道具的行動　4，22
統合性　46
ドッジ，K. A.　18

な行

ナヴァコ（Navaco）　5
二次的(な)情緒　3，32
二分法的思考　17
人間の基本的要求　67
人間の怒りへの対処
　・置き換え　13, 34
　・抑圧　34, 35
　・表現をひかえる　34, 35

は行

パターソン，G.　26
ピア・メディエーション　77
非言語的メッセージ　36
非合理的な信念　17
非叱責法　ii
フロイト，S.　13
ブロンフェンベレンナー，U.　40-42
ベック，A. T.　17
防衛機制　13-14
放校　29
暴風サイクル
　・ひきがねの段階　49
　・エスカレートする段階　49
　・危機の段階　50
　・高原状態あるいは回復の段階　50

・危機後の落ちこみの段階　50
ポッター－エフロン，R.　23，25
ボールビィ，J.　14

ま行

マズロー，A.H.　68
無意識　33
ムカつく　i
ムード・マッチング（雰囲気の同調）　59

ら行

リスク分析　87
論理療法　32

エピソード

大人にわざとケンカしかける子ども　33
親から拒否された子ども　33
身体を使っての介入の留意点　86
「上手にできてるね」と声かけしたら……　32
ダグラス・ベイダーの人生　16
バス停の若い母親　16
非行少年の笑顔　19

子どもへの対応

荒れのおさまった直後にすべきこと　60
　・1つめの課題　60
　・2つめの課題　61
怒りへの対処に卓越した学校の特徴　45
危機の場
　――での対応のためのチェックポイント　89
　――ですべきこと　84
　――ですべきではないこと　85
　――に対して学校がもつべき指針　85
キレてしまいやすい子どもとの対応　81
「行動の記録」をとることの利点　69
初期の兆候時の避けたい言葉　53
先生の叱り方　11
罰　10, 43
　――の副作用　62
報酬　10, 43
問題解決の会話手順　63

翻訳者あとがき

「昔は，キレる子って，賢い子って意味だったけどねえ……」。
　そんな嘆きを聞きました。現代においても，同じく「キレる」という言葉を使っていても，その意味は多様です。「まじギレ」「ぶちギレ」「ぷちギレ」「逆ギレ」「しずかにキレる」などなど，用法もバラエティに富んでいます。そして，「キレる」ことが問題になるのは，子どもだけではありません。「しつけ」のつもりが「虐待」になってしまう親。クラクションを鳴らした相手や，肩が触れた相手を殺してしまう者。事件が起きた学校に全国からかかってくる匿名の罵倒の電話。噂を記事にして，無実の人を犯人扱いする低俗雑誌。独裁政権の打倒を大義名分に，無辜(むこ)の民を巻き添えに殺害してしまう独善主義の権力者……。そこには，自分の怒りの適切な表現方法を知らない，あるいは，怒りが抑制できないまでにエスカレートしてしまう，醜いあるいは悲しいおとなの姿があります。
　そんなおとなの姿を棚にあげ，最近の青少年がキレやすくなったとか論評しているだけの論調に説得力はありません。まず私たちおとなが，変わっていかなくてはいけないと思っています。そして，この本を翻訳する過程において，私自身が，まず一歩，変わることができたと思います。
　しかしながら，この本を手にしてくださった方は，あまりにも怒りを抑えられない子どもの姿に，わらをもつかむ思いで読んでくださったのだと思います。「怒り」などの感情に支配されないために，子どもたちと共同していきたいものです。
　ところで，ある小学校6年生女子の次のような「ムカつき」は，沈静化の技法で静めるだけでよいものでしょうか。「このごろムカツいている。どうするべきか。不景気な世の中でどう仕事をしていくべきか？　今，私が大人になってリストラなどがなくなるみこみがあるか」。また，「一部の人の犯罪を，会社

全体の責任のように言うのはおかしい」「生まれた時から差のついた競争をさせられている」，そんな苛立ちをもつおとなや中学生にも出会います。このような怒りへの対処について，原著者と私（訳者）の立場は，微妙ではありますが，異なっています。原著には，「この世の中は，かつて，公平であったためしはないし，これからも必ずそうなるとは見込めません」とし，世の中が公平であるべきという信念に子どもがキレる原因の1つがあるかのような解釈ができる部分があります。それには同意できないので訳者コメントを入れ，編訳者のひとりとしてかかわった別の本を紹介させていただきました。あわせて読んでいただけますと幸いです。

　さて，本書は，ちょっと変わったきっかけで翻訳作業が開始されました。すでに北大路書房から発刊されている「心理学ジュニアライブラリ」に「いじめ」の巻の担当で参加するはずであった訳者が，「いじめる側の心理」について参考になる本として，本書の原著である*"Anger Management : A Practical Guide"*を編集担当の方に見ていただいて話し合い，まずはこの本を先に翻訳しようという結論になったことがきっかけです。本書の翻訳に時間がかかり，結局，「いじめ」の巻は未完成です。上記ライブラリの執筆者の先生方に，心よりおわび申し上げます。本書をもとに，いつか機会がありましたら，子ども自身が読んで取り組める，自分の怒りやいじめる心と対処するための本を書き，姉妹編とさせていただければと願っています。

　最後に，本書の翻訳にあたってお世話になった皆様に御礼を申し上げたいと存じます。岡山県の池本しおり先生，山本二郎先生をはじめ多くの先生方に，翻訳の途中段階において，表記や学術用語の訳に関して，適切なアドバイスを頂戴しました。訳者の講義を受講されて関心を共有してくださり，ご協力と情報提供をしてくださった大阪府の河添純子先生，北谷多樹子さん，西村聡美さんにも御礼申し上げます。そして，原著の構成を可能な範囲でよりわかりやすく組み替え，読みやすい日本語版を作成する作業は，編集担当の関　一明氏との共同作業でありました。ここに記して，心より感謝申し上げます。

2003年8月6日

戸田　有一

［著者紹介］

戸田　有一（とだ　ゆういち）
1962年　長野県に生まれる
1991年　東京大学大学院教育学研究科 第1種博士課程単位修得退学
　　　　鳥取大学教育学部講師，教育学部助教授（在任中1998～99年ロンドン大学ゴールドスミス・カレッジ客員研究員），鳥取大学教育地域科学部助教授を経て
現　在　大阪教育大学教育学部教授（教育心理学）

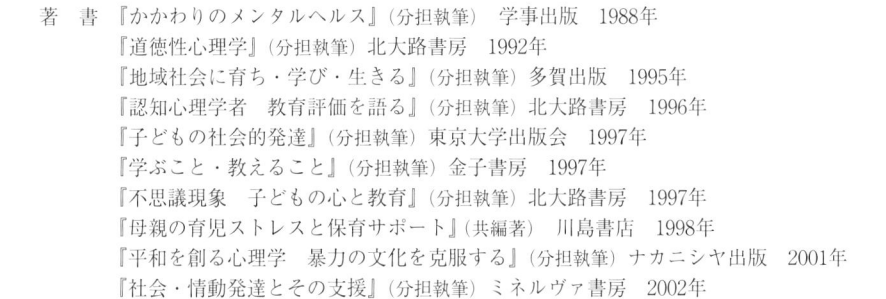

著　書　『かかわりのメンタルヘルス』（分担執筆）　学事出版　1988年
　　　　『道徳性心理学』（分担執筆）北大路書房　1992年
　　　　『地域社会に育ち・学び・生きる』（分担執筆）多賀出版　1995年
　　　　『認知心理学者　教育評価を語る』（分担執筆）北大路書房　1996年
　　　　『子どもの社会的発達』（分担執筆）東京大学出版会　1997年
　　　　『学ぶこと・教えること』（分担執筆）金子書房　1997年
　　　　『不思議現象　子どもの心と教育』（分担執筆）北大路書房　1997年
　　　　『母親の育児ストレスと保育サポート』（共編著）　川島書店　1998年
　　　　『平和を創る心理学　暴力の文化を克服する』（分担執筆）ナカニシヤ出版　2001年
　　　　『社会・情動発達とその支援』（分担執筆）ミネルヴァ書房　2002年

子どもをキレさせない おとなが逆ギレしない 対処法	2003年8月20日　初版第1刷発行 2012年5月20日　初版第4刷発行
ⓒ2003　Toda Yu-ichi	著　者　A．フォーベル 　　　　E．ヘリック 　　　　P．シャープ 訳　者　戸田有一 発行所　㈱北大路書房
Printed in Japan. ISBN978-4-7628-2328-2 印刷／製本　亜細亜印刷㈱ 定価はカバーに表示してあります。 検印省略	〒603-8303　京都市北区紫野十二坊町12-8 　　　　　電話（075）431-0361(代) 　　　　　FAX（075）431-9393 　　　　　振替　01050-4-2083 落丁・乱丁本はお取り替えいたします

◆──── 心理学ジュニアライブラリ ────◆
四六判・各巻112～132ページ・定価1260円（税込）

00巻　心理学って何だろう　　　　　　　　　　　　　　　　市川　伸一
　中高生のほとんどは，心理学とはどういうものかを知らないが，いろんなイメージはもっている。高校のクラスで行った大学教授の授業から，現代の心理学の姿を描く。「総合学習で学ぶ心のしくみとはたらき」と題した付録冊子付き。

01巻　じょうずな勉強法──こうすれば好きになる　　　　　麻柄　啓一
　「たくさんのことを簡単に覚える方法があれば……」と思ったことがあるだろう。この本を読むと勉強について新しい発見ができ，見方も変わってくる。勉強が必ず好きになる本。

02巻　読む心・書く心──文章の心理学入門　　　　　　　　秋田喜代美
　文章を読んだり書いたりする時に，心の中で何が起こっているのだろうか。その心のしくみがわかると，読む時・書く時に自分の心を見つめるまなざしが変わってくる。

03巻　やる気はどこから来るのか──意欲の心理学理論　　　奈須　正裕
　勉強をめぐって，先生や親から「為せば成る」とお説教されたことがあるだろう。意欲を出さない自分がわるいのだろうか。勉強への意欲について，心のしくみを解き明かす。

04巻　考える心のしくみ──カナリア学園の物語　　　　　　三宮真智子
　本当の賢さとは何か？　架空の学校「カナリア学園」では，賢さの種類，考えることを妨げるからくりなど，考える心のしくみをテーマに魅力的な授業が展開される。

05巻　人についての思い込みⅠ──悪役の人は悪人？　　　　吉田　寿夫
　「人について決めつけずに柔軟に考える力」というものは，学校の勉強だけでは十分には身につかない。本書を通して，人生の早い時期に，この考える力を身につけよう。

06巻　人についての思い込みⅡ──Ａ型の人は神経質？　　　吉田　寿夫
　イメージや第一印象にとらわれた「○○は××だ」といった決めつけた考え方。なぜそんなふうに思ってしまうのか。その心のしくみを豊富な具体例で説明し，対処法も提案。

07巻　女らしさ・男らしさ──ジェンダーを考える　　　　　森永　康子
　「女と男は違う！」というあなた。本当に違っているのだろうか。本当に違うなら，どうしてそんな違いができたのか。「女・男」にしばられずに自分らしく生きていくヒント。

08巻　新しい出会いを活かして──転校を心理学する　　　　小泉　令三
　転校や入学，クラス替えの時など，自分が新しい環境に移る時には新しい出会いがある。その体験を活かすためにはどのように考え行動したらよいか，様々なアドバイスを用意。